羽田空港のひみつ

世界トップクラスエアポートの楽しみ方

秋本俊二

Akimoto Shunji

PHP新書

はじめに

空港とは、たんに旅客機が飛んでいくための基地ではありません。とくに日本一の巨大空港である羽田には、大きく分けて三つの「顔」があります。

ひとつ目は言うまでもなく、たくさんの旅客機が発着する「飛行場」としての顔です。羽田空港は一九三一年に「東京飛行場」としてオープンし、戦後から今日に至るまで、日本の空の玄関口としての役割を果たしてきました。出発ロビーに立って周囲を見わたしてみると、目に飛び込んでくるのは使い込まれたキャリーバッグを携えてゲートへ向かうスーツ姿のビジネスマンや大きな荷物を抱えた家族連れなど、実にさまざまな乗客の姿です。羽田は国内外の主要都市につながるネットワークの中心であり、訪れる利用者は一年を通じて膨大な数にのぼります。

ターミナルとその近辺では、ＪＡＬやＡＮＡなどで働く社員たちにもよく出会います。つまり、航空会社のベース（拠点）であることが、羽田空港のふたつ目の顔です。整備ハンガーや乗務員の訓練施設などが空港内およびその周辺に置かれ、旅客機を日々安全に運航するためのメンテナンスやパイロットのトレーニングが続けられています。周辺には、機内食をつくるケータリング会社の工場や、新聞社が取材活動に使う小型機の格納庫なども見えます。

そして、羽田では最近、とても身軽なかっこうをした人たちの姿も目につくようになりました。飛行機を利用する予定もなさそうですし、かといって航空会社に勤めるスタッフにも見えません。そんなごく一般の人たちが、なぜ空港にやってくるのか？　理由は、お洒落（しゃれ）なレストランや専門店などバラエティ豊かな商業施設が立ち並ぶ「アミューズメントスポット」という三つ目の顔があるからです。

本書では、そんな羽田空港の「いま」をさまざまな角度から紹介しています。出張で利用するビジネスマンには「どうすればもっと便利に活用できるか」を、休日を楽しく過ごしたいと訪れるカップルや家族連れには「どこに行くとどんな穴場スポットがあるか」など、羽田空港を隅々まで利用して楽しみ尽くせる情報を詰め込みました。さらに、羽田をもっとディープに知りたい航空ファンのためには「知る人ぞ知る羽田や空港のトリビア」も解説します。

次に羽田を訪れるときには、ぜひ本書をバッグやポケットに入れて、いっしょに連れていってください。新しい発見がきっと待っていると思います。

秋本俊二

羽田空港のひみつ

世界トップクラスエアポートの楽しみ方

目次

はじめに　3

第一章　あなたの知らない羽田空港

第二章　知れば知るほどおトク！　羽田空港の上手な利用方法

第三章　観光！　探検！　羽田空港を遊びつくす

第四章　テーマパークも顔負け?!　家族で楽しむ羽田空港

第五章　すみずみまで知り尽くす！　聞いてビックリ羽田のトリビア

第六章　知ればますます空港通！　空港と航空のおもしろトリビア

第一章 あなたの知らない羽田空港

データで見る日本の空の玄関口

羽田空港の国内線と国際線を合わせた航空機の発着回数は、二〇一四年三月にそれまでの年間最大四一万回から四四・七万回に拡大されました。**二〇一五年の年間空港利用者数は、国内線六二七〇万人、国際線一三四二万人を合わせて七六一二万人。**二〇一六年にはさらに**七八六〇万人**程度にまで増加が見込まれています。

この数字はもちろん、国内の空港のなかでは成田の三五〇〇万人や関空の二三〇〇万人を抑えてダントツのトップです。ＡＣＩ（国際空港評議会）が発表した世界の空港ランキング（二〇一五年）でも、羽田空港は堂々第五位の座を射止めました。ちなみに一位は米国のアトランタ国際空港で、年間利用者数は一億人以上。二位が中国の北京国際空港、三位ＵＡＥのドバイ国際空港、四位米国のシカゴ・オヘア空港と続きます。

羽田空港はまた、利用する際の快適さやアミューズメントスポットとしての楽しさ、空港で働く人を介したサービス面などでも高く評価されています。ショッピングに、食事にと、飛行機に乗るわけでもないのに空港を訪れる人も少なくありません。休日には、展望デッキで楽しそうに飛行機を眺める家族連れや、ターミナルのカフェでくつろぐカップルなどを多く見かけます。**世界的な権威をもつ英国の航空サービス調査機関スカイトラックス社の「グローバル・エアポート・ランキング（二〇一五年）」では、国内線旅客ターミナルの使いやすさやアクセスの良さを評価する国内線空港総合評価部門と空港の清潔さを評価する部門で世界第一位**に選ばれたほか、名誉ある**「5スター・エアポート」**の称号も三年連続で獲得しました。

国内線専用空港から再び国際空港へ

羽田空港が利用者を増やしている背景には、国際線の就航都市拡大があります。

一九七八年五月に成田空港が開港してからは、首都圏にあるふたつの空港について、国際線は成田、国内線は羽田という棲み分けがなされてきました。羽田から海外へ飛ぶのは、中国との政治的対立で同じ空港に乗り入れられなかった台湾のチャイナエアラインのほかは、政府専用機やアジアへのチャーター機に限られていたのです。その羽田から三十二年ぶりに国際定期便が飛ぶようになったのは二〇一〇年十月。四本目となるD滑走路の供用が開始さ

2010年秋に完成した新しい国際線ターミナル

れ、羽田は生まれ変わりました。滑走路が一本増えたことで発着枠が増え、新滑走路まで見わたせる世界で四番目に高い管制塔や、国内線の第1と第2に続く国際線ターミナルが誕生。それまで国際チャーター便という形で運航されてきたソウル、香港、上海、北京への各路線が定期便の位置づけに変わったほか、欧米への長距離路線の開設も相次ぎました。

二十四時間空港である羽田空港国際線ターミナルの三階出発ロビーは、早朝や深夜の時間帯でもスーツケースを引くビジネスマンや若者グループ、家族連れで賑(にぎ)わっています。海外からの旅行者も増え、英語や中国語、韓国語、アラビア語などがフロアに飛び交うようになりました。

二〇一六年のサマースケジュールでは、アジアや欧米、オセアニアを中心に一七カ国二七都市（二九空港）へネットワークが拡大し、羽田から世界へ飛び立つ旅客便は一日に一〇〇便を超えました。

羽田空港を上空から眺めてみると

取材のためヘリや小型プロペラ機をチャーターし、羽田の上空を飛ぶ機会がときどきあります。空港全体を斜め上から見下ろすと、まず目に飛び込んでくるのが四本の滑走路。その四本を、**世界でも珍しい〝井げた状〟**に整備しているのが羽田空港の特徴です。

ほぼ南北に平行に延びている二本がA滑走路とC滑走路です。全長はA滑走路が三〇〇〇メートル。C滑走路は従来の三〇〇〇メートルから二〇一四年十二月に三六〇メートル延長されて、三三六〇メートルになりました。それらと直角に近い形で交わっている二本がB滑走路とD滑走路で、長さはいずれも二五〇〇メートル。滑走路の幅は四本とも六〇メートルあります。

井げた状に整備された4本の滑走路　©Charlie Furusho

滑走路は空港を代表する、なくてはならない設備ですが、上空からはほかにもいろいろな設備が見えます。滑走路からエプロンへは横に斜めにと入り組んだ誘導路でつながり、その先には二〇〇機以上の航空機が駐機できるスポットが並んでいます。エプロンとは旅客機が駐機するエリアのことで、細長い滑走路を腰に回すヒモに、四角い駐機エリアを前掛けの部分に見立てて「エプロン」と呼ばれるようになりました。

空港中心部、すなわち井げた状の滑走路の真ん中には〝空の交通整理〟の要である管制塔がデーンとそびえ、三つの旅客ターミナルと貨物を積み降ろしする貨物ターミナル、機体をメンテナンスする整備ハンガーや機内食をつくるケータリング工場などが周囲を取り囲んでいます。

滑走路と風向きの切っても切れない深い関係

新しく空港をつくる場合、土地が準備できたからといって、すぐに建設するわけではありません。その前の段階として、空港周辺の風向きを徹底して調査する必要があります。一九三一年に開港し、これまで段階的に滑走路を増やしてきた羽田空港も例外ではありませんでした。

では、この風向きは空港建設とどう関係するのでしょうか？

それを説明する前に、まずは飛行機が飛ぶための力、つまり機体を空中に持ち上げる「揚力」を理解するための、身近でできる簡単な実験を紹介しましょう。

スプーンを一本用意し、キッチンか洗面所へ行って水道の蛇口をひねり、水を出します。スプーンの柄の先端を親指と人差し指で軽くはさんでぶら下げたら、スプーンの背中の丸くふくらんだほうを流れている水に近づけてください。スプーンの丸い部分が水に触れた瞬間——どうですか？　スプーンは流れている水に吸い寄せられたはずです。蛇口をいっぱいに

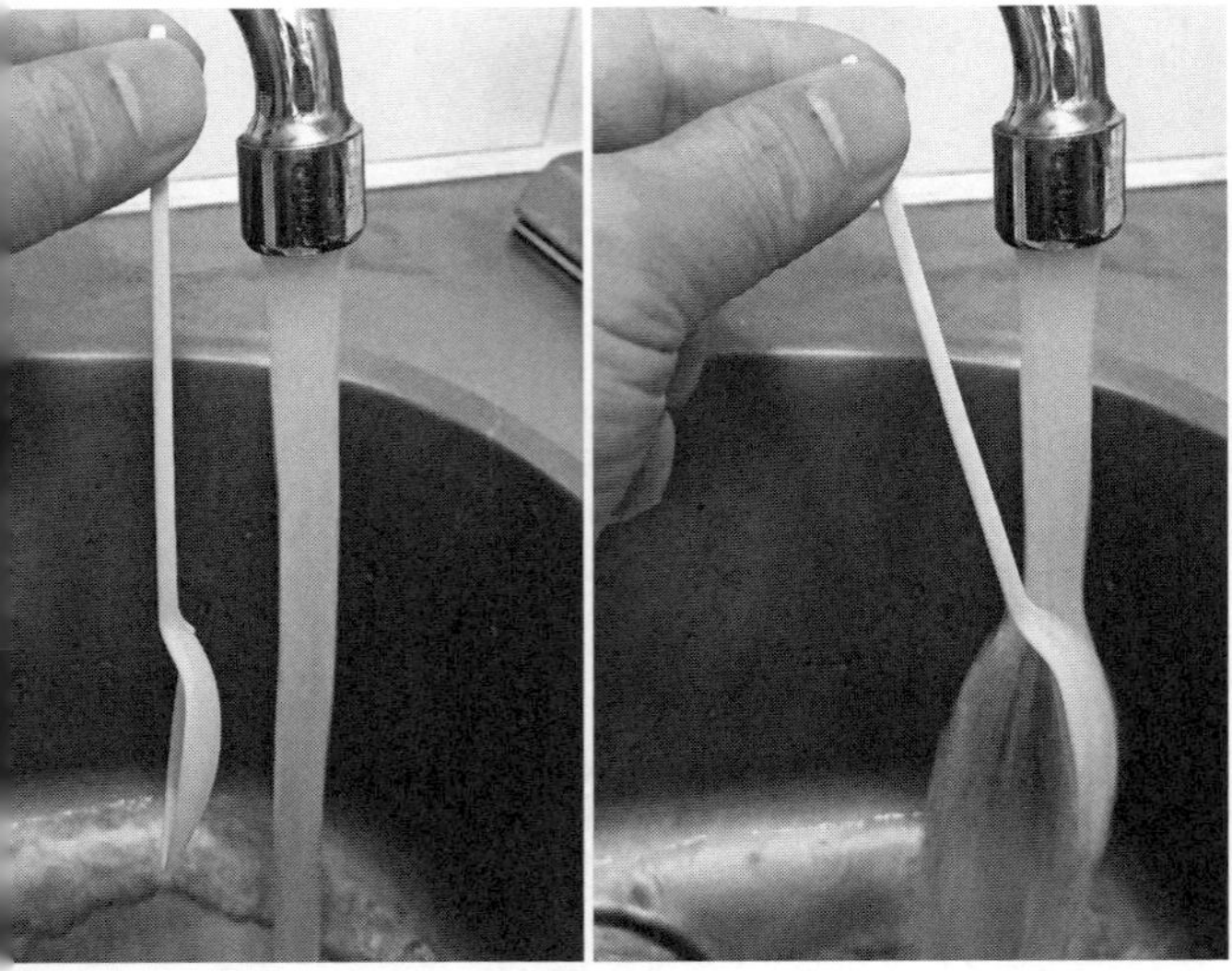

「揚力」はスプーンを使った実験で体感できる

ひねって水量を増すと、スプーンを引き寄せる力はさらに強くなります。

これを真横にした形を考えると、飛行機の主翼に発生する揚力が理解できます。飛行機の主翼の上面も丸くふくらんでいて、その断面はスプーンを真横から見た形状とそっくり。この場合の水道の流れは、すなわち空気の流れです。**翼の上面にのみ速い速度で空気が流れると、翼の上下で空気の圧力の差が生まれて「負圧」という力が発生し、これが機体を上に持ち上げる揚力になるわけです。**

さて、空港と風の話に戻りましょう。飛行機は翼に風を受けて揚力を発生させるために、離陸や着陸の際には真正面からの向かい風を利用します。そこで空港建設の際には、数年間を費やして平均的な風向きや〝春一番〟などの季節ごとに吹く風の特性について厳密なデータを取り、その地域でもっともよく風がくる方向に向かって滑走路を整備しているのです。

四本の滑走路の向きと使い分け

搭乗機が旅客ターミナルを離れると、静かに誘導路を進み、滑走路の端でいったん停止して管制塔からの離陸許可を待ちます。そのときに機内の窓から下を見おろすと、滑走路の末端に記された二ケタの数字やアルファベットが見えます。羽田空港では、A滑走路が「16R／34L」でC滑走路が「16L／34R」。

この数字は、それぞれの滑走路がどの方角を向いているかを示しています。真北を始点として時計回りに進むと、真東は〇九〇、真南は一八〇、真西は二七〇、そして真北は三六〇という角度で表されます。滑走路に表示されているのはこの三ケタの数字（角度）の最初の二ケタを取ったもので、「34」滑走路は三四〇度の方向、つまり飛行機の進行方向が真北から二〇度だけ西に傾いた滑走路であることを表しています。そして、北北西を向いたそ

「34R」と表示されたC滑走路　©Charlie Furusho

の同じ滑走路を、風の変化により反対側、すなわち南南東に向かって使用する場合には、一八〇度回転するわけですから、角度は一六〇度となり、「16」で表されるというわけです。このルールを知っておけば、**各地の空港で滑走路がどの方向を向いているかを誰でも簡単に理解できます。**

しかし、入念に風向きを調査して空港を建設しても、いつも一定方向からだけ風が吹くとは限りません。自然の力をコントロールすることはできず、ときには旅客機の離着陸に相応しくない横方向からの風が吹く日もあります。こうした風向きの変化に対応するため、大規模な国際空港では横風に備えた滑走路を併設するケースも見られ、羽田空港ではB滑走路が横風対策用として建設されました。A滑走路とC滑走路が「34」から「16」への方向なのに対し、B滑走路は「22」から「04」へ延びています。そして、二〇一〇年十月に供用が開始された新しいD滑走路の向きは、B滑走路とほぼ平行の「23／05」です。なお、A滑走路とC滑走路のように同じ向きに二本の滑走路が並行して走る場合は、数字のあとに添えられた「L（Left）」と「R（Right）」のアルファベットで、左側か右側かを示しています。

さて、羽田空港では地理的な特性から昼間はほぼ六割が北風であるため、南北に平行するA・C滑走路を出発と到着に振り分けることが多いようです。風向きに応じては横風対策用のB滑走路も使用してきました。D滑走路の供用開始後は、昼間の北風時には主にBを除く三本、南風時には四本すべてを同時に使うようになり、一部の便の飛行コースが交錯するようになりました。

羽田から向かう先は、北（北海道・東北方面）や西（関西・中国・四国・九州方面）、南（沖縄方面）までいろいろです。機窓からの眺めもバラエティに富み、フライトの楽しさを倍増させてくれます。これについては、第二章でもう少し詳しくご紹介します。

大田区を東京一の大きさにした羽田空港の面積

羽田空港は一九三一年に「東京飛行場」として開港しました。古くからの様子を知る当時の関係者に話を聞くと、「あの頃はまるで田舎のバスターミナルか鉄道駅の待合室のような小さな施設だった」といいます。それから八十六年の歳月を経て、現在は空の交通の要所としてのみならず、文化の発信基地やアミューズメント施設としての役割も果たす近未来型の複合施設へと成長しました。敷地面積は一五・五二平方キロメートルにまで拡大し、東京ドームが三三〇個も収まってしまう大きさです。大田区の面積の四分の一以上を、羽田空港が占めている計算になります。

東京二三区の「面積ランキング」を見ると、第一位が大田区で六〇・四二平方キロメートル。第二位が世田谷区（五八・〇八平方キロメートル）、第三位足立区（五三・二〇平方キロメートル）、第四位江戸川区（四九・八六平方キロメートル）、第五位練馬区（四八・一六平方キロメートル）と続きます。もし大田区に羽田空港ができなければ、二三区の中で第五位の広さに甘んじていたところでした。

羽田空港の敷地は四つのエリアに分類される

羽田空港の広大な敷地は、大きく四つのエリアに分かれています。

空港の中心部に位置しているのが、一九九三年三月に開業した第1ターミナルと二〇〇四年十二月に開業した第2ターミナルのある「国内線エリア」で、一九八四年一月に始まった羽田空港沖合展開事業により造成されました。国内線エリアの西側に位置する「国際線エリア」には、首都東京と世界の各都市を結ぶ便が発着する国際線ターミナルビルが建ちます。こちらは二〇一〇年十月に開業し、二〇一四年三月には本館北側が増設されてサテライトも完成。東京モノレールや京浜急行の新駅もつくられました。

一般の人たちが飛行機に乗るために利用するのは、このふたつのエリアのいずれかのみですが、ほかにも羽田空港で働く人びとが出入りするエリアがあります。エアライン各社にとって重要な拠点となる羽田空港の敷地の南側、A滑走路とC滑走路にはさまれた「新整備エリア」には、大小の航空機のメンテナンスを行う各社の大型整備ハンガーが建ち並びます。東京モノレールの新整備場駅から地上に出ると、初めての人は目の前にそびえ立つ巨大な建物に圧倒されるかもしれません。

残るひとつが、現在の国内線エリアができる以前に旅客ターミナルとして使用されていた「旧整備エリア」で、いまは海上保安庁の羽田特殊救難基地や新聞社の格納庫などがあります。

三つの旅客ターミナルの基本をおさらい

ここで、国内線の第1・第2ターミナルと、二〇一〇年にオープンした国際線の三つのターミナルの特徴について解説しておきましょう。

国内線第1ターミナル

一九九三年九月に開業。二〇〇四年に第2ターミナルが完成するまでは、羽田空港を発着する国内線の全便が第1ターミナルを使用していました。

出発・到着ロビーは北ウイングと南ウイングに分かれ、現在の発着便はＪＡＬグループを中心に構成されています。ほかにも、北ウイングの一部を羽田から国内各地へのネットワークを広げるスカイマークが、南ウイングの一部を北九州へ向かうスターフライヤーが使用しています。

北ウイングと南ウイングをつなぐ中央部分には地下一階・地上六階からなる商業エリア「マーケットプレイス」があり、空港というよりはショップやレストランなどが並ぶアミューズメント施設といった雰囲気。最上階の六階からは二重構造の展望デッキに出ることができ、目の前にA滑走路、その先には国際線ターミナルなどが一望できます。

国内線第2ターミナル

ANAとそのグループであるエアドゥ、ソラシドエア、スターフライヤー（北九州便以外）が発着するターミナルで、二〇〇四年十二月にオープンしました。三つのターミナルのうち最も海に近い場所に位置し、ビル五階の展望デッキからは、C滑走路から飛び立つ航空機や東京湾を望むことができます。

出発ロビーは自然光が差し込む開放的なつくりで、さまざまな商業施設が軒を連ねる「マーケットプレイス」は地下一階から地上五階までを貫く大胆な吹き抜け構造。この吹き抜け部分よりも南側は増築により二〇一〇年十月に完成した拡張エリアです。

さらにターミナル南端（南ピア）には、二〇一三年四月に旧暫定国際線ターミナル跡地を利用して三カ所の搭乗ゲート（71〜73番）が増設され、第2ターミナルの〝進化〟はひとまず完了しました。

国際線ターミナル

二〇一〇年十月に三十二年ぶりとなる国際定期便が就航し、羽田空港は成田とともに首都東京と世界を結ぶ日本の空の玄関口として機能し始めました。その国際線のベースとなるのが、同年十月二十一日にオープンした国際線ターミナルです。地上五階建ての真新しいビルは、A滑走路をはさんで国内線のふたつのターミナルと向き合う位置に建てられました。

都心から海外へという需要は根強く、オープン翌年の二〇一一年には早くもターミナルビルの拡張が決定。二〇一四年三月に従来のターミナル（本館）にT字型につながる形でサテライトが完成し、乗り入れ航空会社や就航便数はいまも増えつづけています。

ターミナル内のデザインも斬新です。商業施設がある四階のメインストリート「江戸小路」は、時代劇の世界に飛び込んだような街並みが再現されています。四階から五階へ続く「はねだ日本橋」の前では、海外からの多くの旅行者たちが記念撮影に興じています。

国際線ターミナルで私が最も気に入っているもののひとつが、機能性を考慮した動線です。ＪＲ浜松町駅から東京モノレールに乗り継ぎ羽田空港国際線ビル駅に到着すると、搭乗手続きから保安検査、出発までのすべてをワンフロアで完結することができます。

長大な「ビッグバード」を端から端まで歩くと何歩？

羽田空港は「ビッグバード」の愛称で親しまれています。これはもともと、一九九三年にオープンした第1ターミナルにつけられたものです。ターミナルの中央部分にあるマーケットプレイスを鳥の胴体に見立て、そこから左右に大きく翼を広げたような構造であることから名づけられました。

第1ターミナルを使用するＪＡＬグループは、鳥の両翼にあたる南ウイングと北ウイングを、出発する方面別に使い分けているのが特徴です。北海道や東北、北陸、近畿方面へ向かう人たちは、保安検査場に向かって右手にある北ウイングのカウンターでチェックイン手続きを行います。反対の南ウイングに並ぶカウンターは、中国や四国、九州、沖縄方面への旅行者が利用します。マイレージの上級会員などが使う専用の優先カウンターは両翼に設置されています。

同じ第1ターミナルを使用するスカイマークのカウンターは北ウイングのいちばん端に、北九州行きスターフライヤーのカウンターは南ウイングのいちばん端にあるので、乗り遅れないよう自分が利用する航空会社のカウンター位置を事前にきちんとチェックしておくことが必要でしょう。ビッグバードが広げた大きな翼は、間違えて端から端まで歩くことになるとかなりの距離がありますので。

では、実際にどのくらいの距離があるのか?

調べてみましたが、数字は公表されていません。そこで、スターフライヤーのカウンターからスカイマークのカウンターまで、実際に自分で歩いて距離を測ってみました。私は身長約一七〇センチで、やや急ぎ足で歩いたときの歩幅は七〇センチ程度。南ウイングを過ぎてから北ウイングに移るマーケットプレイスで人ごみを避けるのに少し遠回りしましたが、スタートから到着までは計七四二歩でした。単純計算で、ビッグバードのフロアの幅は約五二〇メートルあることになります。

年間四四万回の離着陸をさばく羽田の航空管制

学ぶ心

学ぶ心さえあれば、万物すべてこれわが師である。
語らぬ石、流れる雲、つまりはこの広い宇宙、
この人間の長い歴史、
どんなに小さいことにでも、
どんなに古いことにでも、
宇宙の摂理、自然の理法がひそかに
脈づいているのである。
そしてまた、人間の尊い知恵と体験が
にじんでいるのである。これらのすべてに学びたい。

松下幸之助

PHP SHINSHO

PHP新書

PHP研究所

日本一の高さ（116m）を誇る新管制塔　©Charlie Furusho

鳥のように自由に大空を飛びたい！　そんな単純な発想から「航空」の世界を目指す人がいます。しかし、エアラインパイロットたちが口にするのは、「私たちは決して旅客機を自由に飛ばせるわけではない」ということ。旅客機はすべて、航空管制官のコントロールのもとで飛行しているからです。

空港に行くと、てっぺんの部分がガラス張りになっているひときわ高い建物が見えます。これは管制塔（コントロールタワー）といって、航空管制官たちが活躍するメイン舞台のひとつ。羽田では、四本目のD滑走路の供用が開始されて発着枠が増えたのを機に、高さ一一六メートルの新しい管制塔が建設されました。

羽田空港の一年間の発着回数は四四・七万回にものぼります。一日あたりに平均すると一二〇〇回以上、一時間あたりでは五〇回。じつに**一～二分に一回の頻度で、四本の滑走路のどこかで飛行機が離着陸**していることになります。まさに日本一忙しい空港です。これら膨大な量のフライトを、飛行機同士がぶつかったりしないようにコントロールしているのが航空管制です。

管制塔の高さ約一一〇メートルのあたりに、四本の滑走路をすべて見わたせる管制塔運用室があります。そこから指示を出して、離陸する旅客機をスポット（駐機場）から滑走路へ誘導したり、誘導路上で交差する二機があればどちらか一方に「止まれ」と命じたり。管制官には絶対的な権限が与えられていて、空港の上空まできていても滑走路が混雑していれば上空で待機させられ、管制塔から「クリアード・トゥ・ランド（着陸を許可する）」と言われるまで着陸できません。

日本の航空管制官は、おもに航空管制官採用試験に合格した国土交通省の国家公務員です。羽田空港の管制塔で働く航空管制官は、二〇一六年四月現在で約八五名。早朝からの早番と午後からの遅番、夜勤という三シフト勤務で、六つのチームに分かれて業務を進めています。二〇一二年秋にフジテレビ系列で深田恭子さん演じる女性航空管制官にフォーカスした「TOKYOエアポート～東京空港管制保安部～」というドラマが放映され、話題になりましたが、最近は女性管制官も珍しくありません。羽田空港の管制塔スタッフも三～四割が女性だそうです。

成田空港の航空管制も羽田で担当している?

空港での航空管制業務は、大きく「飛行場管制」と「ターミナルレーダー管制」のふたつに分かれます。

管制塔から三六〇度を見わたして目視によるコントロールを行っているのが飛行場管制。空港から半径約九キロメートル、高度九〇〇メートルの範囲にいる航空機の離陸・着陸に対して指示を出し、安全な誘導を行います。

一方、飛行場管制を離れた航空機を引き継ぐのがターミナルレーダー管制で、羽田では新しい管制塔ではなく旧管制塔のある建物の中で業務を推進。高感度のアンテナで受信した航空機の位置や高度などの情報を、レーダー画面を見ながら把握し、パイロットに無線で指示を出しています。

二〇一〇年一月に羽田空港で新管制塔が供用を開始してからは、羽田と成田の進入管制区が統合され、ふたつの空港のターミナルレーダー管制を一括して羽田で担当するようになりました。羽田と成田は地上では距離が離れているように感じますが、上空を飛ぶ飛行機にとっては決して遠い距離ではありません。「近接したふたつの大空港の交通を一カ所で管轄することで、よりスムーズにコントロールできるようになった」と関係者は話しています。

羽田からの国内線旅客数ベストテン

国土交通省の総合政策局は毎年夏、前年度の国内定期航空輸送の旅客数について発表しています。これによると、二〇一五年に国内線を利用したトータルの旅客数は九五八七万人で、前年に比べて一・四%増えました。

このうち、**羽田からの旅客数が多い国内路線の第一位は新千歳線**です。二〇一五年の一年間で八九九万人が利用しました。世界のいわゆる〝ドル箱〟と呼ばれる路線と比べても、羽田―新千歳はニューヨーク―ロンドンと競い合うほど利用者が多く、毎年トップの座を維持しています。毎日数多くの便が運航され、時間帯によって中型機から大型機まで、さまざまな機種でのフライトを楽しむことができます。

第二位は福岡線で、こちらも毎年変わりません。福岡空港は市内中心部から近いという利便性が人気で、ビジネス需要が高く、二〇一五年は八一四万人に利用されました。

第三位が大阪（伊丹）線です。大阪線も多くをビジネス需要が占めていますが、一年間の利用者数が五二三万人と新千歳線や福岡線に比べて少ないのは、新幹線でも二時間三十分という手軽さから鉄道を利用する人も多いためでしょう。

以下、第四位以降を列挙しておきます。

第四位＝那覇線
第五位＝鹿児島線
第六位＝熊本線
第七位＝長崎線
第八位＝広島線
第九位＝松山線
第一〇位＝宮崎線

これは羽田からの旅客数が多いベストテン（二〇一五年度）ですが、羽田に限らず全国の路線で見ると、このベストテンの中に福岡―那覇線（第八位）と成田―新千歳線（第一〇位）が割り込み、羽田―広島線はトータルでは第九位、羽田―松山線は第一一位、羽田―宮崎線は第一二位にランクされています。

一九六四年東京オリンピック当時の羽田空港

一九六四年の東京は、十月の東京オリンピック開催に向けて、その姿を大きく変貌させつつありました。当時の東京の人口は約九〇〇万人。自動車の登録台数は毎月一万台ずつ増えて同年七月に一〇〇万台を突破し、都市インフラの急速な整備の必要性が課題になっていた時代です。従来の街路だけに頼っていては交通がパンクするのが目に見えていたため、オリンピック開催前の完成を目指して高速道路の建設が一気に進みました。

なかでも首都高速一号線と四号線は、オリンピックに出場する選手や大会関係者の輸送に重要な役割を果たすものでした。江戸橋から羽田までの一七キロメートルにわたって伸びる一号線は同年八月に開通。銀座から羽田への所要時間はわずか十五分に短縮され、都心と羽田空港がぐっと近づきました。

翌九月には浜松町と羽田空港をつなぐ東京モノレールも開通しています。このモノレールは、飛行機に乗る人だけでなく、空港を見学したい人たちの憧れでした。しかし当時の資料によると、浜松町から羽田空港までの運賃は片道二五〇円、往復四五〇円。ラーメン一杯が五〇〜六〇円、月々の新聞代が四五〇円程度の時代でしたから、いかに高いかがわかります。

それでもモノレールや車で空港に行く人が多かったのは、変貌する羽田空港をひと目見たかったからでしょう。現在の姿とは比べものになりませんが、ターミナル本館で進む増改築工事のうち国際線部分が前年の一九六三年七月に完成。滑走路の拡張・増設も進みました。東京オリンピックのために各国から来日する選手団や報道関係者、観客らを迎える準備が急ピッチで整っていったのです。

二〇二〇年に向けて羽田はこう変わる

日本を訪れる外国人の数は年々増加し、二〇一六年には年間二〇〇〇万人を超えました。日本政府がかかげる訪日外国人数の目標は、東京オリンピックイヤーの二〇二〇年までに年間四〇〇〇万人を達成すること。その実現に向けてカギを握るのが、首都圏空港の発着枠の確保です。とくに羽田空港の機能強化は東京オリンピック時に予想される混雑緩和への対策としても不可欠で、国土交通省は国際線発着枠を現行の一・七倍にあたる九万九〇〇〇回まで増やすための検討を始めました。

その施策としては、C滑走路の沖合に五本目となるE滑走路を建設するプランももち上がりましたが、二〇二〇年まで四年を切っていることを考えると実現はむずかしい。それに代わる現実的なプランとして浮上したのが、これまで騒音などの問題から飛行できなかった**首都圏上空を通るルートの解禁**です。

検討された新ルートは午前六時から十時三十分までと午後三時から七時までの時間帯に運用されるもので、東京都心の上空を「低高度」で飛行するのがポイント。たとえば着陸時に通過する渋谷付近では、高さ六三四メートルの東京スカイツリーよりも低く飛び、品川区の大井町付近では三三三メートルの東京タワーよりも低い高度で飛行することになります。

国交省はそうしたルートの構築や便数、使用する航空機の機種などを含めた運用計画を作成し、二〇一五年夏から新ルート周辺で暮らす住民への説明会を開催してきました。地域住民からは騒音や落下物事故などへの懸念の声も絶えないなかで、調整が続いています。

サービスの面でも、二〇二〇年に向けて「より使いやすく」をテーマにした取り組みがスタートしました。その一例が、用件を書くと各種言語に翻訳してくれるタブレット端末「てがき翻訳」の導入や、到着ロビーなどの壁に案内図を大きく映し出す「プロジェクションマッピング」の試験運用など。これらの先端技術を駆使し、海外から訪れる人たちが安心して使える空港を目指す考えです。「掃除ロボット」や「移動支援ロボット」「案内ロボット」など一七種類のロボットを出発ロビーなどで活用する「Haneda Robotics Lab」の実験導入も二〇一六年末から始まりました。

東京オリンピックイヤーの二〇二〇年に向け、羽田がどこまで進化するのか楽しみです。

羽田空港発着の始発・最終電車

東京モノレール

発駅		平日	土曜・休日	行先
モノレール浜松町	始発	4:59	4:59	羽田空港第2ビル
	終電	0:01	0:01	
羽田空港第２ビル	始発	5:11	5:11	モノレール浜松町
	終電	0:05	0:05	

京急電鉄

発駅		平日	土曜・休日	行先
京急蒲田	始発	5:19	5:19	羽田空港 国内線ターミナル
	終電	0:17	23:54	
京急品川	始発	5:15	5:15	
	終電	0:14	23:42	
羽田空港 国内線ターミナル	始発	5:23	5:23	印旛日本医大
	終電	0:20	−	京急蒲田
	終電	−	0:00	京急品川

国際線ターミナルから深夜に出発する主なバス路線

リムジンバス

行先	
大宮駅西口	0:20
JR千葉駅西口	0:20
池袋駅東口1番	2:20
新宿高速バスターミナル	1:00
東京シティ・エアターミナル	0:15
新宿駅西口24番	2:20
渋谷駅西口	2:20
葛西駅	1:55
東京駅八重洲北口	2:00

京急バス

行先	
横浜駅（YCAT）	0:20
船橋駅	0:35

※国内線・国際線連絡バス（無料）

運行時間 4:48〜24:00（4分間隔）
国際線ターミナル→第2ターミナル→第1ターミナル→国際線ターミナル

第二章

知れば知るほどおトク！　羽田空港の上手な利用方法

電車、バス、それとも車？　羽田空港へのアクセス事情

都心から羽田空港へ向かうのに、私が最も頻繁に使う交通手段は鉄道です。浜松町からダイレクトにアクセスできる東京モノレールと、品川や横浜方面から蒲田を経由して乗り入れる京浜急行があり、どちらもＪＲ駅から乗り継いで最短十五〜二十分程度で到着できます。

近い将来には、さらにいくつかの新線も開通する予定です。プランに上っているのは、京浜急行が乗り入れる都営浅草線をバイパス化する「都心直結線」や、田町などの都心部から品川・八潮の東京貨物ターミナルを経由する「羽田空港アクセス線」など。東京急行と京浜急行がそれぞれの蒲田駅を線路でつないで直通させる「新空港線」の検討も最近始まりました。

取材用のカメラ機材など荷物が多いときには車を利用することもあります。通常、空港へは第1と第2の両ターミナルのあいだを通る首都高速湾岸線の空港中央出入口からアクセスします。国際線ターミナルが開業してからは、旧整備エリアにある一号羽田線の空港西出入口（かつての空港出入口）も使えるようになりました。

大きなスーツケースを持って駅で乗り換えるのが苦痛……という人は、バスを利用するのがいいでしょう。羽田までのバスのネットワークはとても充実しています。首都圏各地を中心に関東全域から羽田空港行きの直通バスが運行されていますし、深夜・早朝の時間帯の便に乗る旅客のための深夜バスも数多く発着しています。

都心からの移動はクルーズで優雅に

フランスに行くなら玄関口であるパリに、イギリスなら同じく玄関口であるロンドンに到着しないと、旅は始まらない。そんなふうに考えている人たちに、私は常々語りかけてきました。「日本の空港に着いたときから旅を始めないともったいないですよ」と。現地までのフライトを満喫することも旅の大切な要素ですし、飛行機に乗るまでの空港で過ごすわくわくした時間も、思い切り楽しまない手はありません。

最近はその出発地点をさらに早め、私の提言は**「自宅を出たときから旅を始めよう」**に変わりつつあります。理由は、羽田空港へ都心から船でアクセスできるようになったからです。

二〇一四年七月、お台場海浜公園と横浜みなとみらいぷかりさん橋から羽田空港船着場を結ぶ定期航路が開設されました。お台場からも横浜からも、羽田までの所要時間は一時間三十分で、料金は片道大人一人二五〇〇円（子供は半額）。六八〜一四四席の小型クルーズ船で、飛行機の離着陸の様子や四季折々の風景を海から眺めながらの移動が楽しいと、利用する人たちが増えています。

秋葉原から羽田空港を結ぶ「空港・都心運河クルーズ」の実用化に向けた実験も始まりました。秋葉原から隅田川を下って東京湾へ出たら、レインボーブリッジを見ながら天王洲アイルや大井競馬場付近を通過し、京浜運河を経て羽田空港船着場に到着するというルートです。この舟運実験に参加したのは、二〇一五年九月の実験開始から延べ約一八〇〇人（二〇一六年十一月現在）に達し、ふだんは通れない水路のクルージングに反響も少なくありません。体験した人たちの多くが「仕事や旅行でよく羽田空港を使うので、定期運航が始まったら絶対に利用したい」などと話していました。

時間帯によって混み合う電車や、道路渋滞も予想される車だと、羽田までのアクセスを楽しむというわけにはなかなかいきません。けれど優雅な水上クルーズで羽田に向かえるなら、「自宅を出たときから旅を始めよう」という私の提案に賛成してくれる人も多いのではないでしょうか。

早朝&深夜便を利用するなら温泉に浸かって送迎バスで

羽田空港を早朝に発つ便や深夜に到着する便を利用する場合、住んでいる場所によってはまだ交通機関が動き始める前だったり、終電が出てしまったあとだったりするのが悩みのタネ。そんな人たちに私がすすめているのが、**羽田から約二十分のところにある「天然温泉・平和島」での宿泊**です。

ここは地下二〇〇〇メートルから一日一五〇〇トンが湧出する天然温泉で、お湯が茶褐色をしたナトリウム・塩化物強塩泉です。塩分の保湿効果が高いので、湯上がりのあとはポカポカ状態が持続して、疲れているときも夜はぐっすり。私は早朝便に乗るときには、夕方早めに仕事を切り上げて平和島へ向かいます。温泉やサウナでゆっくりリフレッシュするのは、至福のひとときです。

サウナに関しては、さらにおすすめしたい点がひとつ。ここでは「ロウリュウ」というフィンランド発祥の伝統的サウナが体験できます。高温に熱せられたストーブに水をかけてサウナルームに大量の蒸気を発生させるタイプのもので、身体中が発汗してデトックス効果も大！　以前、本場フィンランドでこの方式のサウナを体験して以来、すっかりハマってしまったのですが、なんとこれが羽田を利用する旅のついでに楽しめるというわけです。

空港送迎付きのプランを利用すれば、翌朝は自分が予約している便の時間に合わせた送迎バスが空港ターミナルまで送ってくれ、さわやかな気分で旅をスタートできます。深夜に羽田に到着する便を利用し、平和島で一泊して自宅へ帰る、というパターンも、とくに女性たちのあいだで人気だそうです。

品川と羽田空港を結ぶ〝ノンストップ〟の電車にご注意！

「あれ、なんで？」

「この電車、蒲田に停まらないのか！」

品川から羽田空港へ向かう京急線の車内で、そんなふうに戸惑っている人たちをときどき見かけます。

乗っているのはオレンジ色表示の「エアポート快特」で、この電車は品川駅を出ると羽

羽田空港行き「エアポート快特」は行き先表示のヒコーキマークが目印　© 京急電鉄

田空港国際線ターミナル駅までノンストップ。京急蒲田駅には停まりません。

京急蒲田から先の、横浜方面のどこかの駅で降りる人も、よく羽田空港行きを利用します。途中の何駅かで停車する「エアポート急行」なら、京急蒲田で乗り換えればOK。しかし、間違えてエアポート快特に乗ってしまうと、国際線ターミナル駅まで降りることができないのです。

羽田空港から京急に乗って帰る場合も同じです。品川方面に向かうときには便利なエアポート快特も、品川以前の駅で降りたり、乗り換えたりする人にはかえって時間と労力の無駄になってしまいます。乗る前にきちんと停車駅を確認するようにしましょう。

ちなみに、ほかにも緑色表示の「快特」というのもあります。この快特は京急蒲田駅で停車しますし、横浜方面へ向かう電車もあります。私が使うのはもっぱらエアポート快特ですが、いつも注意しているのは「快特」という表示の横に飛行機のマークがついているかを確認すること。このマークがあればノンストップのエアポート快特で、羽田空港までたったの十四分（国際線ターミナル駅までは十一分）で到着できます。

最新設備でラクラク！　自動で手荷物を預け入れ

ANAは二〇一五年七月、日本で初めての自動手荷物預け機「ANA BAGGAGE DROP」を羽田空港で導入しました。混み合っている時間帯に空港に到着しても、カウンターの列に並ぶことなく手荷物を預けられる、先進的なサービスです。

私も何度か使ってみましたが、操作はとてもシンプル。預ける手荷物を専用機に置いて、搭乗券やマイレージカードなどの2次元バーコードをかざすと、手荷物タグが発行されます。これを預けるスーツケースなどに装着するとドアが自動的に閉まるので、手荷物引き換え証を受け取れば完了です。所要時間はわずか一～二分！

2015年7月から導入が進む「ANA BAGGAGE DROP」

この自動手荷物預け機「ANA BAGGAGE DROP」は二〇一六年十一月現在、第2ターミナルに計三九台が設置されています。サービスの開始当初は従来どおりカウンターで手続きする乗客が多かったものの、ANAの空港スタッフは「認知度が高まるにつれて利用率もどんどん高まっている」と話していました。カウンターで列に並ぶ時間がなくなることのメリットは、やはり大きいようです。

ライバルの**JALでは、二〇一五年三月から「JALエクスプレス・タグサービス」を実施**しています。こちらはANA方式とは少し異なり、**カウンター前に設置している専用のタグ発行機を使って乗客が自**

分でタグを発行し、手荷物に取り付けて専用カウンターに預けるというスタイル。こちらもストレスなく利用できて便利です。

当日アップグレードで〝贅沢〟を手に入れよう

羽田からの国内線では、ＪＡＬとＡＮＡは路線によって普通席だけでなく上級席を用意しています。**ＡＮＡは「プレミアムクラス」、ＪＡＬはふたつのグレードがあり、「クラスＪ」と「国内線ファーストクラス」という名称**です。いずれも基本的には事前予約が必要ですが、出発の当日に空席がある場合、空港で追加料金を払ってアップグレードすることができます。

ＡＮＡの沖縄線プレミアムクラスを例にとると、「旅割２８」の事前予約で片道運賃は約三万二〇〇〇円。普通運賃（約一万六〇〇〇円）との差額は一万六〇〇〇円です。しかし、出発当日に空席があれば、半額近い九〇〇〇円でアップグレードが可能。有料で空港ラウンジを利用したりレストランで食事をすることなどを考えると、**ラウンジを使えて機内で食事も出るこのアップグレード料金は、とてもリーズナブル**といえるでしょう。

一方のＪＡＬのクラスＪは、事前予約でも当日でも追加料金は同じ一〇〇〇円だけ。私はほとんどの国内移動で必ずクラスＪを予約します。羽田から福岡、新千歳、伊丹、那覇の一部の便に設定されているＪＡＬファーストクラスも、追加料金は八〇〇〇円と決して高くはありません。専用のチェックインカウンターや保安検査場が使えて、機内への搭乗や到着後の降機も最優先。一席の占有スペースは普通席の二・七倍もあり、隣の席とは木目調のコンソールで仕切られてプライベート感もバッグンです。利用する時間で異なりますが、機内では食事や軽食、茶菓が提供され、飲み物も国産野菜・果物のフレッシュジュースやシャンパン、日本酒などのアルコール類まで揃っています。

世界一ゴージャスな航空会社ラウンジが羽田に誕生！

航空会社各社では、ファーストやビジネスなどの上級クラスの利用者にフライト中の機内だけでなく地上でも極上のもてなしを提供しようと、さまざまな取り組みを進めてきました。その重要な施策のひとつが、空港ラウンジでのサービスです。館内のソファを新しくして飲食のメニューを増やしたり、シャワールームを設置したりと、自社ラウンジのリニュ

JAL 国際線ファーストクラスラウンジの「靴磨き」サービス　©JAL

ーアルに力を入れる会社も少なくありません。

そんなさなかの二〇一四年八月、羽田空港の国際線ターミナルにこれまでにない豪華なラウンジを開設したのがＪＡＬでした。私もオープン前に報道陣を集めて開催された内覧会に参加して、びっくり。「こんなラウンジ、見たことない！」という声が記者たちからも上がっていました。

最初に目にしたのが、**大人の隠れ家をイメージした「レッド・スイート」と呼ばれる空間**です。一九五〇年代にＪＡＬのパイロットが使用したバッグや制帽、歴代航空券などが展示され、その先には日本酒とローラン・ペリエ社のシャンパンなどを揃えたバーコーナーも。パイロットがフライトで使うジャプセン社の航路図を壁紙に用いた内装もおしゃれでした。

そうしたなかでも私が「これはいい！」と感じたサービスがふたつありました。

ひとつは、シェフが目の前で鉄板を使って特製パンケーキや黒毛和牛&黒豚のハンバーグを焼いてくれる「鉄板ダイニング」。従来のブッフェスタイルの食事とは違う、いわば〝食のライブ〟サービスで、調理している姿を見ているだけで楽しくなります。もうひとつが英国の高級靴メーカー、ＪＯＨＮ ＬＯＢＢとのコラボレーションで実現した「靴磨き」のサービスです。旅に出る前の身支度としてお気に入りの靴が専門スタッフの手できれいに磨かれれば、気分も新たに海外へ旅立てることは間違いありません。

エコノミーチケットでラウンジを利用するなら

航空会社の空港ラウンジを使えるのは通常、上級クラス（ファースト、ビジネス）の乗客とマイレージプログラムのエリート会員などに限られます。しかし、**追加で料金を支払えばエコノミークラスのチケットでも各種のラウンジを利用することができます。**

羽田空港でラウンジを利用したいなら、ＪＡＬとＡＮＡの国内線ラウンジを試してみることをおすすめします。利用クラスやマイレージクラブのステータスにかかわらず、ＪＡＬは一回三〇〇〇円、ＡＮＡは三一〇〇円で誰でもラウンジを利用できます。ウェブからの事前予約も可能です。

羽田空港ではさらに、一般の人向けのエアポートラウンジも充実しているので、出発までの時間をゆったり過ごすことができます。

第１・第２ターミナルともに、エアポートラウンジは合計三カ所。いずれも、ひとつは一般エリアに、残りふたつは保安エリアに設置されています。

第１ターミナルでは、一般エリアのラウンジは一階到着ロビー中央にあり、シャワーブースなどが備えられています。保安検査場を通過した先のエリアでは、北ウイングと南ウイングそれぞれ一カ所で営業中。いずれのラウンジも、飲食サービスはソフトドリンクのみですが、ソファでくつろぎながら雑誌や新聞などが閲覧できるようになっています。

第２旅客ターミナルの一般エリアには三階出発ロビーの北側中階にあり、こちらもシャワーブースの利用が可能です。保安エリアには、南ピアの手前に一カ所と、北ピアに一カ所。南ピアの手前にあるラウンジには大きなソファやクッションがあって「オシャレな雰囲気が好き」と何度も利用するリピーターも少なくありません。

エアポートラウンジの利用料はいずれも一〇三〇円（シャワーブース利用時は追加で一〇三〇円）ですが、各種クレジットカード（一部対象外あり）のゴールド会員なら、カードと搭乗券や控えを提示することで無料で利用することができます。同伴者はほとんどが有料ですが、アメリカン・エキスプレスカードまたはポルシェカードの保有者は、同伴一名までは無料で入場可能です。

出発前や到着後にリフレッシュしよう

羽田空港は都心からのアクセスがいいため、会社を終えてから出発したり、到着後に出社するという人も少なくありません。

ただし、飛行機に乗る前や到着して会社に向かう前に、できればさっとシャワーを浴びてシャツを着替えたいもの。そこで私がときどき利用するのが、**国際線旅客ターミナルに隣接する「ロイヤルパークホテル ザ 羽田」のリフレッシュルーム**です。

シャワーブース、足をゆったり伸ばせるソファ、テレビのある個室が、一時間（二〇〇

国際線ターミナルに隣接するロイヤルパークホテル ザ 羽田

〇円）から利用可能。部屋が空いていれば二十四時間いつ行っても大丈夫です。

ロイヤルパークホテル ザ 羽田は、日本初のトランジットホテルを擁する施設として二〇一四年にオープンしました。リフレッシュルームは一般エリアと保安検査場を抜けた出国エリアの両方にあって、国際線で羽田に到着し、入国せずに乗り継ぎをする人たちにはベッドのある部屋がよく利用されているようです。

二〇〇種類のデザインから お気に入りの椅子を探そう

第2ターミナルから出発するときに、も

「アッパーデッキトーキョー」に並ぶデザインチェア

し早めに空港に到着したら、ぜひ三階のフードコート「アッパーデッキトーキョー」へ行ってみてください。世界中から集まった二〇〇種類以上のデザインの椅子が並んでいます。

イームズ、ジョージ・ネルソンといった超高級ブランドの稀少なデザイナーズチェアも多く、しかも一つひとつデザインが異なります。購入すると一脚数十万円はしそうな高価なものもあって、椅子好きにはたまりません。多種多様な椅子が約一〇〇メートルにわたって配置され、工夫をこらした空間造りは見ているだけでも楽しめます。

フードコートに並ぶ和食、トルコ料理、中華、韓国、イタリアンなど各国の料理を提供する飲食店で購入した料理を楽しむほか、飲食物の持ち込みも自由で、みんな気に入った椅子を見つけてくつろいでいます。

私が訪れたときは、丸いクッションのついたジョージ・ネルソンのマシュマロソファで爆睡している人がいました。横に旅行用のバッグが置いてあったので、出発までの時間をそこで過ごしていたのでしょう。搭乗便に乗り遅れないか、ちょっと心配になりました。

忘れ物も怖くない！　なんでも揃うショッピングゾーン

旅行が大好きなくせに「パッキング（荷造り）が苦手」という人がいます。私の周りでは女性に多く、自宅を出る直前にあわててパッキングをするそうで、空港に着いてから「あ、靴下と化粧水を入れるのを忘れた！」などと言い出すのです。

そんなときでも、羽田空港からの出発であれば困ることはありません。必要なものがあれば、ターミナル内でほとんどなんでも揃えることができますから。

たとえば靴下の場合は、第1ターミナル一階の到着ロビーにある「ＵＮＩＱＬＯ」で。化粧水やメイク道具なら第1ターミナル二階の出発ロビーか第2ターミナル地下一階にあるドラッグストアへ。国際線ターミナルに接続する京急の「Ｗｉｎｇ ａｉｒｐｏｒｔ ＨＡＮＥＤＡ」には「マツモトキヨシ」だってあります。機内で本を読みたいなら、各ターミナルの書店へ行けばいいし、老眼鏡を忘れてしまったら第1ターミナル地下一階で「ＪＩＮＳ」が営業しています。

以前、海外への取材に同行するライターが国際線ターミナルで「カメラを忘れた！」と騒ぎ出したことがあります。私は二階の到着ロビーに急いで行くよう命じました。「ビックカメラ」があるからです。これだけの種類のショップが空港に揃っていると、彼女たちの忘れ物グセはいつまでたっても治らないかもしれません。

困ったときは〝空港コンシェルジェ〟を頼ろう

「子供が目を離したスキにいなくなってしまって……」

案内カウンターでそう訴えていたのは、三〇代くらいの若いお父さんでした。休日に羽田空港の展望デッキから飛行機を見せようと男の子を連れてきて、どうやら迷子にさせてしまったようです。

相談された案内係はさっそく館内放送の手配をし、男の子は間もなく無事に見つかりました。

羽田空港ではすべてのターミナルの数カ所に「案内カウンター」を設け、施設の案内や車椅子・ベビーカーなどの貸し出し、館内放送の受け付けなどを行っています。耳や言葉の不自由な利用者には、筆談ボードとコミュニケーション支援ボードを用意。発着便数が増えるにしたがい、案内役の忙しさも増しているようです。

羽田空港の国内線ターミナルでは白と黒を基調としたユニフォームの「エアポートコンシェルジェ」が、国際線ターミナルでは翡翠（ひすい）色を基調としたユニフォームの「コンシェルジェ」が、利用者からの質問などへの対応をしています。なにか困ったことがあれば各案内カウンターやターミナルロビーを訪れて、気軽に声をかけてみるといいでしょう。

最新情報は「Haneiro」と「BIGBIRD press」をチェック

羽田空港や旅の最新情報をチェックするのに役立つふたつのフリーペーパーを、ここで紹介しておきましょう。

ひとつは「羽田空港とその先に広がる世界観」をテーマに京急電鉄が二〇一五年五月より隔月で発行している「Ｈａｎｅｉｒｏ　ＫＥＩＫＹＵ（はねいろ　けいきゅう）」です。手元にある

羽田の情報誌「BIG BIRD press」と「Haneiro KEIKYU」

二〇一六年十一月発行号の特集は「終電後や始発までの時間を羽田空港で過ごす秘訣」「羽田からニューヨークへ直行便が就航」など。京浜急行線の各駅などに置かれています。

もうひとつは、二〇〇五年から続く羽田空港ターミナルのオフィシャル情報マガジン「BIG BIRD press（ビッグバード プレス）」で、こちらは月刊で、第1・第2旅客ターミナル館内の配布専用ラックに置かれています。内容はターミナル内の新しいショップやレストランの話題を中心に、タイムリーなイベント情報や空港の便利な使い方などを紹介。最新号（二〇一六年十一月）では「海の幸で乾杯」「羽田のラーメン」といった特集が掲載されていました。

「Ｈａｎｅｉｒｏ ＫＥＩＫＹＵ」も「ＢＩＧ ＢＩＲＤ ｐｒｅｓｓ」も、見ているだけで楽しく、旅行気分を盛り上げてくれます。

ペットたちのファースト・ビジネス・エコノミークラス

自宅でペットを飼っている旅行者には、ペットホテルの利用が欠かせません。羽田空港にも、設備の整った予約制のペットホテルが国内線第２ターミナル前のＰ４駐車場で営業しています。第１ターミナルと国際線ターミナルを利用する際にも、預け所はそれぞれのターミナルに置かれているので、わざわざＰ４駐車場までペットを連れていく必要はありません。

第２ターミナル店には広いドッグランが室内と室外にあるので、留守中は元気に遊ばせてほしいと思う飼い主に好評です。ユニークなのは、ペットを預けるにも「ファースト」「ビジネス」「エコノミー」を選ぶこと。クラスによって値段も変わります。サービスの中身にどんな差があるのかを聞いてみたら、基本的な違いはケージスペースの広さで、飼い主たちは小型犬、中型犬、大型犬といった愛犬の大きさでクラスを選択するようです。

離陸後に富士山が見えるのは左右どっち側？

飛行機に乗るとき、席を取るのは窓側？　それとも通路側？　これは、人によって意見の分かれるところです。飛行機に乗り慣れた人ほど通路側を選ぶことが多いのは、トイレなどに立つときに隣の人に気兼ねしないで済むからでしょう。

ですが、これは海外へ向かう長距離便での話。せいぜい一時間半か二時間程度の国内線フライトなら、トイレは出発前に空港で済ませておけば機内で席を立つ必要もありません。結果、国内線に限っては機窓からの景色を楽しみたいという〝窓側派〟が増えるようです。

ただし、同じ窓側でも左右どちらに席を取るのかで、楽しめる景色も変わります。たとえば、羽田から西（関西や九州）へ向かうフライトでは、空から見下ろす雄大な富士山こそが最大の絶景ポイント。その富士山を見るのに、同じ窓側でも右側に席を取るか、それとも左側がいいのかという大事なことを忘れている人が、意外に多いのです。では、**羽田からの便では、左右どちらに座れば富士山が見えるでしょうか？**

羽田から関西に向かう場合は、**答えは「右側席」です。**羽田を離陸後、まず左手に伊豆半

機窓から見下ろす富士山の絶景

島が、そして間もなく右手に富士山のすそ野が視界に現れます。富士山が見える日はコクピットからのアナウンスでも教えてくれることが多いので、うっかり見過ごすこともありません。その後は、同じ右側の窓から知多半島が、反対の左側では志摩半島が楽しめます。

羽田から九州方面に飛ぶ場合はどうでしょうか？　熊本行きでは、富士山が見えるのは関西行きと同じ右側ですが、福岡行きの便では反対の左側に見えます。同じ九州でも、行き先によって変わることに注意しましょう。

富士山は、何度見ても飽きることのない美しい山です。季節によっても表情が変わります。夏場の富士山も雄大ですが、冬場に雪化粧した山頂が見えるのも感動的です。

新千歳線で絶景を楽しむ

羽田から北海道方面に向かうフライトは、関東平野から山形市の上空を経て、下北半島またには青森市の上空を通過して新千歳や函館を目指すルートが一般的です。

離陸後、巡航高度に達して水平飛行に移ると、左手に那須連山が見え始め、右手には鹿島灘と阿武隈高地の風景が広がります。そうした景色を楽しむなら、午前中は左側に、午後なら右側に席を取ると、太陽のまぶしさに邪魔されません。午後遅くから夕方にかけての出発便では、左側の窓から見える夕景が見事です。

左側席から最初に見えてくるのは、猪苗代湖や磐梯（ばんだい）山、そして奥羽山脈など日本海側に居並ぶ名山の数々です。その後は岩木山や八甲田山なども眺めることができます。田沢湖や十和田湖も同じ側に姿を現すでしょう。

反対の右側席からは、蔵王山に続いて栗駒山や岩手山が見えますが、いつもコクピットからの景色を見ている航空会社のパイロットたちに聞くと「東北の美しい山並みを楽しむなら

小松線は迫力満点のアルプス越え

左側席のほうがおすすめですね」という意見が多いようです。

小松線で絶景を楽しむ

羽田―小松線のアルプス越え絶景ルートは一時間にも満たない短いフライトですが、私が好んで利用する路線のひとつ。新幹線が金沢まで伸びたことで影響が出るかなと心配していましたが、最近私が乗った便はどれもほぼ満席での運航でした。南アルプスや北アルプスを間近に見下ろしながらの旅を楽しめることが、小松線を利用するときのなによりの魅力です。その飛行ルートをざっと紹介していきましょう。

羽田を離陸して東京湾上空で左に旋回すると、左手前方に東京ディズニーランドが見えてきます。そこから北上して千葉県船橋市あたりでさらに左旋回し、針路を北西へ。都心のビル群上空を進み、ＪＲ中央本線に沿うようにして松本を目指します。

富士山の北側斜面を通過すると、右手に妙義山や浅間山、さらに南アルプスや中央アルプスの山々を見下ろしながらの飛行が続きます。小松線の飛行高度は八〇〇〇メートル程度なので、山の頂上がかなり近くに感じられ、迫力満点です。

松本空港を過ぎると、いよいよこのフライトのハイライト。右手に上高地や立山連峰を、左手には白川郷、高度を落とし始めた頃には白山を望むことができます。それから十分ほどすると、こんどは日本海上空に出て、小松空港への最終進入ルートに乗ることになります。

福岡線で絶景を楽しむ

羽田から福岡へ飛ぶフライトでは、東京、名古屋、大阪といった大都市の景観と、日本アルプスや琵琶湖、瀬戸内海などの日本の美しい自然風景を同時に楽しむことができます。

離陸して富士山のやや北寄りを西に向かうと、やがて名古屋の上空に到着します。左手の眼下には伊勢湾を中心に知多半島や中部国際空港、名古屋港、四日市から伊勢志摩半島までを眺めることができます。

名古屋を過ぎると、十分足らずで近畿上空に。琵琶湖の南端から滋賀県大津市、京都市の上空を通過し、やがて兵庫県尼崎市の南側に大阪湾が見えてきます。淀川を中心に広がる大阪市街や、六甲山系の南側に位置する神戸湾のポートアイランド、その西には明石海峡大橋でつながった淡路島の姿も一望できます。

近畿を通過したあとは、私の経験では中国地方南部の上空を広島方面に進むケースが多いのですが、瀬戸内海の上空を飛ぶルートを使うことも何度かありました。

目的地の福岡空港が近づくと、とくに夕暮れどきの景色が素晴らしい。天気がいい日は風向きによって海上から福岡タワーと百道浜（ももちはま）を右手に見て陸上に入るルートが選択され、愛宕（あたご）浜、能古島（のこ）、そして「日本の夕陽百選」にも選ばれた糸島市志摩町の二見ヶ浦へと続く絶景を右手に眺めることができます。

なお、このルートのハイライトである瀬戸内海のパノラマを楽しむなら、明石海峡大橋や瀬戸大橋を眼下に一望できる左側席がおすすめです。

夜景を満喫するテクニック

日本の各地から羽田に飛ぶフライトでは、着陸間際に眼下にきらめく色とりどりのネオンを眺めるのが楽しみのひとつです。空から見る都会の夜景は本当に美しく、国内の移動ではそれを目的にわざわざ夜間フライトを選ぶ人も少なくありません。

夜景の美しさに定評があるスポットは世界中にありますが、なかでも東京の夜景はじつにダイナミック！　各国の夜景を撮影しているカメラマンにも「東京が一番」と言う人が多いようです。

その夜景を空から楽しむときは、**一番星が見え始める黄昏（たそがれ）どきを**狙うのがポイントです。到着前に少し雨でも降って、大気が澄み切っていればベスト。**シートは右側席を**選択してください。高度を下げて都心が近づいてくると、お台場や汐留、東京タワーのネオンの背後に丹沢や奥多摩の稜線が広がり、赤く染まる空に富士山が鮮やかに浮かび上がります。

南風の季節がおすすめですが、東京では夏場にならないとほとんど南風が吹きません。北風の日は川崎方面からのアプローチになり、窓から見える景色も変わってしまうのです。

都心から好アクセスな羽田空港を使って週末海外をもっと身近に！

都心からのアクセスが便利な羽田空港をうまく利用して、週末にふらりと海外へ旅する若い人たちが増えました。金曜日にスーツケースを用意して会社へ行き、就業後に羽田に向かえば充分に間に合う便がいくつもあるのです。

もちろん週末だけの弾丸旅行ですから、そんなに遠くまでは行けません。たとえば人気の目的地のひとつが香港。最近も香港への弾丸旅行を楽しんできたという三〇代の会社員は次のように話します。

「羽田を夜に発つ便は本当に便利ですね。金曜の夜、仕事を終えて羽田から飛べば、土曜日は朝から現地で動けます。帰りは日曜日の遅い時間に香港を出る便を予約しておけば、二日間たっぷり遊んで、月曜日は朝からフレッシュな気持ちでオフィスに出社できる。平日に休みを取ることなく週末旅行を満喫できました」

金曜夜から韓国のソウルや中国の上海を目指す若者グループも少なくありません。羽田からだとソウルは仁川（インチョン）国際空港ではなく金浦（キンポ）空港に、上海は浦東（プードン）国際空港ではなく虹橋（ホンチャオ）空港に到着する便があるので、弾丸旅行にはまさにうってつけ。通常の国際便が到着する仁川や浦東と比べて、金浦や虹橋なら市内までの移動時間も半分で済みます。しかも、金浦や虹橋はもともと国内線の空港で国際線の乗り入れは多くないため、出国や入国の審査もラクラク。短期の旅行なら預ける荷物をなくせば、現地に到着してから十分程度でロビーに出られ、すぐに市内へ向かうことができます。

「週末は上海へカニを食べに行こう！」

「私はソウルでショッピングがいいな」

羽田が国際空港化してからは、そんな言葉が当たり前のように飛び交うようになりました。

LCCを利用して国内旅行よりも安く海外へ

運賃の安さが魅力のLCC（ローコストキャリア）の多くは、首都圏では成田空港の第3ターミナルに就航しているため、東京の城南地区や神奈川県などの人たちからは「アクセスが不便で使いにくい」といった声が上がっていました。しかし最近は、羽田空港発着の路線を展開するＬＣＣも増えつつあります。

その先駆けとなったのが、エアアジアグループで長距離路線を担当するエアアジアＸ。二〇一〇年十二月より羽田発クアラルンプール行きの運航を始め、クアラルンプールからはエアアジア便に乗り継ぐことでアジア各方面への格安旅が可能になりました。

二〇一三年十一月に就航した香港エクスプレス航空の香港行きも「安い運賃で移動し、そのぶん現地で贅沢したい」という若者たちから支持を集め、一年後の二〇一四年十一月には羽田便を一日一便から一日二便に増便しています。

日本のＬＣＣでは、関西を本拠地にしているピーチが二〇一五年八月に羽田から台北（桃園）へ、二〇一六年二月からはソウル（仁川）への路線を開設し、弾丸旅のブームにさらに拍車をかけました。

羽田に就航しているＬＣＣの多くが深夜や早朝に出発・帰着するダイヤを設定している点も週末旅行をする人たちにはメリットのようで、関係者は「早い時期にほとんどの席が埋まってしまう便も少なくない」と話しています。

事前に荷物を空港へ送って、会社から〝手ぶら〟で直行！

空港まで重く大きなスーツケースを引きずって移動するのがわずらわしい！　そんなふうに思っている人たちに朗報です。自宅から国際線の到着空港まで、手ぶらで旅をすることが可能になりました（ホノルルやグアムを含むアメリカ路線は除く）。

サービスを始めたのはＪＡＬとＡＮＡです。この「手ぶらサービス」を利用すると、自宅や会社などから荷物を配送し、受け取るのは海外の到着空港のターンテーブル。**自分で荷物を空港まで運ぶわずらわしさも、チェックインカウンターで預ける手間も省ける**、なんとも便利な世の中になりました。

荷物がちゃんと現地に届くのかと不安になる人もいるでしょうが、心配は無用です。集荷時に受け取る「控え」を搭乗時にカウンターや搭乗口で提示することで、航空会社のスタッフがしっかりと確認してくれる仕組みになっています。

「この手ぶらサービスは、羽田空港の深夜便を利用するときにとくに重宝します」と、年に五回は海外旅行をするという私の後輩が話していました。木曜日の夜までに荷造りを終えてスーツケースの集荷手配を済ませ、金曜の朝は普段どおりの格好で会社に出勤。仕事を終えると会社で楽な格好に着替え、スーツを会社に置いてから手ぶらで空港へ向かうのだとか。

なるほど、ストレスなく週末海外を実現できるスマートな方法だと思います。

窓から滑走路が見えるホテルに泊まろう

ここは羽田空港第2ターミナルに直結する「羽田エクセルホテル東急」の一室。窓の向こうに滑走路が広がっています。

早朝に羽田を、とくにANA便などで第2ターミナルから発つ人にとって、このホテルはとても便利です。出発の前日は早めにホテル入りし、目の前を離陸していく飛行機を眺めながらのんびりリラックス。出発時はホテルロビーに設置された航空会社の自動チェックイン機でチェックインできます。さらに「フライヤーズルーム」という部屋には、かつて国際線で使用されていたファーストクラスのシートがペアで置かれています。

「フライヤーズルームは広さ四一平方メートルのツインタイプと、二八平方メートルのダブルのタイプの二部屋を用意しました。飛行機が大好きというお客さまや、小さなお子さんを伴った家族連れのお客さまなどによくご利用いただいています」。私がフライヤーズルームを利用したとき、同ホテルの広報担当がそう話していました。

羽田エクセルホテル東急の一室

窓の外には、目の前で出発準備を進める作業風景が見えます。その先の滑走路からはＡＮＡ機が離陸していきました。部屋の大型液晶テレビの画面をフライトインフォメーションに切り替え、どこに向かって飛び立ったかを知ることも可能です。シートは本物なので、電動のリクライニング機構で好きな角度に調整し、身体を伸ばしてくつろげます。部屋に用意されたエアラインの機内誌などが本格的な〝フライト気分〟を盛り上げてもくれます。

「機内食風のディナーセットをお部屋にお届けするサービスもオプションでお受けしています。ご要望があれば、飛行機の形につくったケーキなどもお部屋にご用意できますよ」

広報担当いわく、最近はカップルでの利用も増えているとか。飛行機の好きな彼女をびっくりさせようという男性から予約が入るケースが多いそうです。

飛行機の「乗り方」はこんなに変わった！

かつて使用されていた紙の航空チケットはすっかり姿を消し、いまはｅチケット（電子航空券）がほとんど。購入も旅行会社などを通さず、インターネットで自分で予約するのが当たり前になりました。外出先からでもノートＰＣやスマホがあれば、簡単に航空チケットを予約・購入できてしまいます。

予約・購入が完了すると、紙の航空チケットの代わりに予約情報を記したｅチケットの「控え」が発行され、Ｅメールなどで送られてきます。予約情報は航空会社のコンピュータに保存されていますので、もしその控えをなくしてしまっても、再発行してもらえるので問題ありません。「航空チケットをうっかり自宅に忘れてきた！」と慌てることもなくなりました。

空港に到着すると、国内線でも国際線でも出発ロビーには航空会社の「自動チェックイン機」が並んでいます。空いているマシンで予約番号を画面に入力すると、搭乗便のボーディングパスが発券され、これでチェックイン手続きは終了。イライラしながらカウンターに並ぶ必要もなくなりました。

ＪＡＬやＡＮＡなどでは、予約・購入して事前に座席指定を済ませ、ウェブ経由でバーコードを取得しておくと、出発の当日に空港カウンターに立ち寄ることなく保安検査場へ直行できる「オンライン・チェックイン」などのサービスも実施しています。最近はスマホを利用した「モバイル搭乗券」を導入する航空会社も珍しくなくなりました。

ＪＡＬの国内線を使うときは、私は「ＪＡＬ Ｃｏｕｎｔｄｏｗｎ」というアプリを利用しています。空港で出発時間の十分前までをカウントダウンしてくれるので、ラウンジでくつろいでいて遅れてしまうといった心配も要らなくなりました。悪天候などによる出発の遅れや、乗る便の搭乗ゲート番号が変更になったときもリアルタイムで知らせてくれるので、便利です。

何かと役立つ便利なお店一覧

コンビニエンスストア

ターミナル	階	ショップ名	営業時間
第1	B1F	Air LAWSON（サウス店）	5:30〜23:00
		Air LAWSON（ノース店）	5:30〜23:00
	1F	トラベルアイル	8:30〜22:30
		ブルースカイ アライバルショップ	8:30〜22:30
第2	B1F	ファミリーマート 羽田空港第2ターミナル店	5:30〜23:00
国際線	1F	Air LAWSON	24時間営業
	3F※	セブン-イレブン	6:00〜23:30

ドラッグストア

ターミナル	階	ショップ名	営業時間
第1	2F	エアポート ドラッグ	5:45〜20:30
第2	B1F	エアポート ドラッグ	7:30〜20:00
国際線	2F	Air BIC CAMERA 羽田空港国際線ターミナル店	7:00〜22:00
	3F	エアポート ドラッグ	6:00〜23:00
	3F※	マツモトキヨシ	8:00〜22:00
	5F	ソラドンキ羽田空港店	9:00〜22:00
出国後エリア	3F	BOOKS & DRUGS NORTH	6:00〜23:00
	3F	BOOKS & DRUGS SOUTH	6:00〜24:30

※Wing airport HANEDA内

手荷物一時預り所

最長2週間のあいだ、手荷物を預かってくれる。寒い時期に南国など暑い地方へ旅行する際に、コートなどを預けていくこともできる。

ターミナル	階		営業時間
第1	B1F	ターミナルロビー 南	6:00〜22:30
第2	B1F	ターミナルロビー	6:00〜22:30
国際線	2F	到着ロビー	24時間
	3F	出発ロビー	24時間

第三章

観光！　探検！　羽田空港を遊びつくす

ターミナルごとに違う展望デッキからの眺め

羽田空港には国内線第1と第2、国際線の三つのターミナルすべてに展望デッキがあり、それぞれに違った景色が楽しめます。

第1ターミナルはウッドデッキで落ち着いた雰囲気が特徴です。右手には国際線ターミナルのビルが見え、天気がよければその先に富士山が顔をのぞかせます。滑走路の向こうには京浜工業地帯の幻想的な工場群がそびえ、夕暮れどきには建物がシルエットとなって浮かび上がります。

第2ターミナルからは、海を背景にした眺望を味わうことができます。東京湾の先に姿を見せているのは、東京スカイツリーや東京ゲートブリッジなど。飛行機の撮影が目的なら、おすすめは早朝です。早めに到着して六時三十分の開場を待つとよいでしょう。日の出の時間が遅い冬場は空が紅色に染まり、駐機スポットに並ぶ航空機とともに幻想的な雰囲気をかもし出します。

国際線ターミナルからの眺めも、第1と第2とはまた違った趣(おもむき)があります。正面に空港の

管制塔などが見える国際線ターミナルの展望デッキ

シンボルである管制塔が見え、これぞ羽田の風景という感じ。国内線とは違って色とりどりのデザインをあしらった外国の航空会社の機体が並び、それらを比較してみるのも興味深いでしょう。

第1・第2ターミナルの展望デッキの開場時間はともに朝六時三十分から夜の二十二時までですが、国際線ターミナルは二十四時間利用できるので、好きなときに訪れて飛行機の離陸シーンを見物したり、星空を眺めたりすることができます。

雨の日には屋内展望施設「FLIGHT DECK TOKYO」へ

飛行機を見ようとせっかく羽田空港に遊びにきたのに、運悪くぽつりぽつりと雨が……。そんなときは、第2ターミナルのマーケットプレイス五階中央にある「FLIGHT DECK TOKYO」に行くとよいでしょう。ここは天候にかかわらず航空機の離着陸シーンが眺められる屋内展望フロアとして、二〇一三年春にオープン。朝五時から夜二十三時まで利用でき、大きなガラス越しに広がるエプロンや滑走路の風景を、のんびり眺めることができます。

ひと息つけるカフェも併設されているほか、航空関連のイベントなどもときどき企画され、早朝から深夜まで多くの人で賑わっています。

デートにおすすめは夜の第2ターミナル

第2ターミナルの展望デッキでは、夜になると若いカップルの姿も目につきます。人気の理由は、日が落ちると始まる「星屑のステージ」というイルミネーション。デッキには約四〇〇〇〇個のＬＥＤ照明が埋め込まれていて、滑走路の灯火とマッチしてロマンチックな雰囲気につつまれます。椅子やテーブルも配置されているので、長い時間をふたりきりで過ごしているカップルも。併設のレストランで食事をしながらデートを楽しむ人たちも増えました。

周辺の三つの島から羽田の景色を望む

空港全体の様子を眺めるなら、羽田周辺にある三つの島に出かけてみましょう。

空港の北に位置するのが「城南島」です。島の東側には人工の砂浜が整備された海浜公園があり、私が訪れた週末にはたくさんの行楽客が押し寄せていました。上空を通過する飛行機や東京湾を往来する船などがよく見えるので、のんびりと眺めていると時間が過ぎるのを忘れてしまいそう。公園の北東側に移動すると、東京タワーや東京スカイツリーも見えます。

城南島の南西にある「京浜島」には、いくつもの大きな公園が整備されています。島の南東側には羽田空港のB滑走路に並行する形で京浜島つばさ公園が広がり、南風が吹く日には迫力ある着陸シーンを目の前で見ることができます。南側には遠くに国際線エリアまでを一望できる京浜島緑道公園があり、地元の人たちにとっても絶好の散歩コースになっているようです。城南島と京浜島へは、いずれもJR大森駅などからバスが出ています。

最後は空港の南に位置する「浮島」です。この島の多摩川河口にある「川崎区民健康の森」のひとつである浮島町公園は、飛行機の撮影ポイントとしてもファンのあいだで大人気。上空を通過する飛行機の下で釣り人たちが魚釣りに興じる、なんとも言えないのどかな光景に心があたたまります。浮島へはJR川崎駅からバスで行くことができます。

迫力満点！ 海の上から飛行機ウォッチング

東京湾に面した羽田空港では、飛行機の発着シーンを海上から楽しもうというファンにはたまらない魅力的なツアーが不定期で開催されています。ツアーに使用されるのは、眺めのいいデッキを装備した大型のクルーザーで、国際線ターミナルから歩いてすぐの羽田空港船着場から出港します。

休日には家族連れなどで賑わう城南島　©Yuko Miyashita

羽田沖クルーズは航空写真ファンに大人気　©Charlie Furusho

海から間近に眺める飛行機は、まさに迫力満点。離着陸の通過ポイントに合わせて船を移動させてくれるので、ベストポジションからの写真撮影も可能です。

「旅客機ってこんなに大きいんですね」

「おなかの部分を見たの、はじめてかもしれません」

巨大な飛行機が頭上を通過していく光景は、空港の展望デッキでは見られません。ツアーの参加者たちは、どよめきの声を上げていました。

ツアーを主催するのは羽田旅客サービス株式会社などで、同社のウェブサイトなどに情報が掲載されています。夏場も冬場も開催されますので、興味のある方は、定期的に情報をチェックしてみてください。

国際線ターミナルを無料のツアーで見学

国際線ターミナルでは、地元である大田区・品川区のボランティアガイドが解説しながら見どころを案内してくれる見学ツアーが開催されています。

江戸の街並みを現代によみがえらせたショップ&レストラン街「江戸小路」や、一九世紀

江戸時代の旅の始発点である日本橋が羽田に誕生

後半当時の日本橋をおよそ半分のスケールで再現したひのき造りの「はねだ日本橋」などを、ガイドの詳しい説明を受けながら見学して歩くことができます。

二〇一七年一月時点で発表されているツアー日程は、二〇一七年三月までの毎月最終土曜または日曜に、一日二回（十一時〜十二時と十四時〜十五時）。国際線ターミナルビル五階「お祭り広場横」で、各回ともに出発の三十分前から受付を開始し、定員になり次第締め切られます。無料ですので、羽田が初めてという方はぜひ参加してみてください。オリジナルグッズなどのプレゼントももらえます。

就航都市の星空をプラネタリウムでのんびり鑑賞

羽田空港の国際線ターミナルには、世界初の空港内プラネタリウムとなった「PLANETARIUM Starry Cafe」があります。

喫茶店チェーンのPRONTOが運営するこのカフェがあるのは、五階展望デッキを通り過ぎたTOKYO POP TOWNのいちばん奥まったところ。プラネタリウムを鑑賞しながら食事が取れるスペースと通常のカフェスペースに仕切られ、入り口も別になっています。

カーテンで仕切られた先に足を進めると、ドーム内は薄暗闇で、飲み物などのメニューを見るための懐中電灯が手わたされます。コーヒーやパスタなどのほか、十七時以降のバータイムには星をテーマにしたオリジナルカクテルも楽しめます。

入場料は大人が五二〇円、子供（二歳以上）が三一〇円で、別途ワンドリンクのオーダーが必要。上映時間はスターリーカフェタイム（十一時～十七時）とスターリーバータイム（十七時三十分～二十三時）に分かれており、さまざまなテーマで星空を紹介するプログラムが代わる代わる上映されます。映し出せる星の数は、なんと四〇〇〇万個。星雲なども美しく再現され、ぼんやり眺めているだけで心身が癒されます。ロンドンやシドニーなど羽田から飛べる就航都市の星空を紹介するプログラムなど、内容は盛りだくさん。旅行先の星空を出発前にここでチェックしておくのも良いかもしれません。

意外な穴場！ ターミナル奥にひっそり佇む「ディスカバリーミュージアム」

空港に早く到着しすぎて時間をもてあましたときは、第2ターミナルの三階に行ってみてください。少し奥まった目立たない場所に、**日本初の空港内美術館「ディスカバリーミュージアム」**があります。まだ入ったことがないという人も多いようですが、訪れた人たちの口から出るのは「空港にこんな素晴らしい施設があったんだ！」という驚きの言葉です。

館内にはラウンジ風にソファが配置され、美術品と対面しながらゆったりと鑑賞できる落ち着いた雰囲気。先日訪ねたときには「武者小路実篤が描く日本の春」という企画展が開催されていました。

営業時間は平日が十一時から、土日祝は十時から、十八時半まで（最終入場は十八時）。

入場料は、なんと無料です。美術にもっと詳しくなりたいという人たちのために、毎週水曜日には学芸員によるギャラリートークも行われています。

年に一度のチャンス！「空の日」のユニークな催しでタワー展望室見学も

毎年九月には「空の日（九月二十日）」を中心に、各地の空港でさまざまな記念イベントが開催されます。羽田空港でも空港体験クルーズや格納庫見学バスツアーといったユニークな催しが企画されますが、なかでも毎回人気を集めているのが、タワー展望室見学ツアーです。募集人員は一〇〇名（一回一〇名で一〇回に分けて実施）、対象者は小学生から中学生まで。小学校低学年には保護者の同伴が必要です。

地上一一〇メートルのところにある管制塔の展望室からは、次から次へと続く飛行機の離着陸はもちろんのこと、東京スカイツリーや東京ゲートブリッジなどが一望できます。管制塔には、一般の人たちはふだんは足を踏み入れることができません。募集はありませんが、大人でも参加してみたくなるイベントです。案内役のスタッフは「小学生の同伴で来ていたお父さんのほうが興奮していた様子です」と笑みを浮かべていました。

映画やライブ、忘年会……二十四時間フル稼働の多目的ホール

羽田空港で本格的な音楽ライブが聴ける！ そう話すと、まさか空港で?!と驚く人が少なくありません。

国際線旅客ターミナル四階のはねだ日本橋のたもとに誕生した「ＴＩＡＴ ＳＫＹ ＨＡＬＬ」は、二四〇平方メートルの広さに最大四〇〇名を収容できる本格的な多目的ホール。

映画やライブ、セミナー、忘年会にと、二十四時間三百六十五日フル稼働を続けています。これまでにも音楽イベントや講演会、パーティー、展示会などさまざまな企画で使用されてきました。

羽田空港が主催するイベントも、数多く開催されています。二〇一六年十二月のある週末にはクリスマスにまつわる映画六本の無料上映会が、また別の週末にはジャズコンサートも行われました。

作家である私の利用法としては、航空関連の本を出したときなどに空港での出版記念パーティーを開催、というのもいいかもしれない……などと夢がふくらみます。

滑走路を間近に見ながらの結婚式はいかが？

あるイベントに取材で参加したときのことです。会場となったのは、**羽田空港第1ターミナル六階にある「ギャラクシーホール（多目的ホール）」**。イベントは何事もなく進行していたのですが、突然、部屋の奥の重厚なカーテンが左右両側に引かれ、部屋全体がパッと明るくなりました。部屋の床から天井まである大きなガラス張りの窓から光が差し込んだのです。その向こうには、第1ターミナルと国際線ターミナルの間に敷設されたA滑走路が一望できます。周囲に目を向けると、参加者たちはその見事な眺望に言葉を失っていました。

これはイベント主催者側の演出だったのですが、**目の前で航空機のダイナミックな離着陸シーンが展開される**のがギャラクシーホールのいちばんの特徴です。この恵まれた立地をどう生かすかは、利用する人たちのアイディア次第。ホールスタッフに聞くと、飛行機好きカップルの結婚式の会場としても人気だそうです。同じターミナルのマーケットプレイスで空港を訪れた多くの人たちに見守られながらロビー挙式を行い、このホールに移動して披露パーティーをするパターンも多い、と同スタッフは話していました。

別の機会には、ホールのドア付近で地方のとある高校の名前が書かれた同窓会の看板を目にしました。地方高校がなぜ羽田空港で？ 最初はそう疑問に思いましたが、考えてみれば地方だからこそ羽田空港なのでしょう。それぞれに別の土地で生きている仲間たちが数十年の時を経て再結集しようというときは、日本だけでなく世界中からのアクセスが便利な羽田空港が、最も便利な場所なのかもしれません。

夏の風物詩・ビアガーデンも、羽田では〝飛行機を見ながら〟

夏は汗をかきながら屋外のビアガーデンで飲む冷たいビールが最高！という方も多いでしょう。羽田空港でも毎年夏になると、**第2ターミナル展望デッキ（南側）に隣接するイタリアンレストラン「CASTELMOLA」がビアガーデンをオープン。**五月ごろからテラス席が設置され、飛び立つ飛行機を見ながらビールを楽しむことができます。お父さんとお母さんはビール、子どもたちはジュースで飛行機見学という微笑ましいシーンにもよくお目にかかります。

夏の遊び場としては、八五ページで紹介した城南島海浜公園も穴場です。家族で楽しむのにちょうどよい規模のキャンプ場が公園内にあり、バーベキューやテントを設営しての宿泊も可能です。希望日の三カ月前の月の一日から電話予約できますので、予定が決まったら早めに場所を押さえておくとよいでしょう。飛行機を間近に見ながらのキャンプは、きっとお酒も進むと思います。

航空マニアも欲しがる空港ならではのお土産を買うなら？

羽田空港の第1・第2ターミナルには、航空ファンたちが訪れる魅力的な航空グッズなどを多数取り揃えたショップがあります。

第1ターミナルから紹介しましょう。南ウイングにあるのが「BLUE SKY エアラインショップ」。ＪＡＬのオリジナルグッズを始め、世界各国の航空機模型、機内販売ショップ「ＪＡＬ ＳＨＯＰ」の取扱品などが揃っています。カップ麺の「うどんですかい」や「そばですかい」といったＪＡＬオリジナルの食品も売れ行き好調だそうです。

北ウイングでは「ＨＡＮＥＤＡ ＡＩＲ ＳＨＯＰ」が人気で、おしゃれなエアライン雑貨やおもちゃなど、羽田ならではは商品が揃っています。品数が豊富でショップを覗いているだ

第１ターミナル１階北ウイングの「HANEDA AIR SHOP」

けでも楽しめ、親子で買い物にきている人の姿も目につきます。

第２ターミナルでファンたちが通うのが、一階到着ロビーの中央近くにある「ANA FESTA到着ロビーギフトショップ」です。店内にはＡＮＡの各種モデルプレーンを始め、オリジナルのグッズなどがズラリ。手ごろな値段で買えるＡＮＡのロゴ入りマグカップやタオルなどは、ちょっとしたプレゼントにもいいでしょう。合計一〇〇〇〇円以上の商品をクレジット機能付きのＡＮＡカードで購入すると、一〇％割引になるサービスもあります。

あちこちで見つかる「羽田限定品」を手に入れよう

旅先で会う予定の友人に渡すお土産を出発までに空港で探していると、いろんな種類の「羽田限定品」に出合います。ハンカチから手ぬぐい、キーホルダーにノート。外国の人が喜んでくれそうな商品も多いので、つい見入ってしまいます。

日本からのお土産としてよさそうな商品を揃えている店舗のひとつが、第2ターミナル地下一階にある日本雑貨のセレクトショップ「日本市」です。「羽田空港ふきん」などは値段も手ごろで、自分用にも欲しくなります。

スターバックスは米国シアトルが発祥のカフェですが、ボーイング社の友人に羽田でしか売っていない「羽田空港タンブラー」を買っていったら、とても喜ばれました。空港内に何店舗かありますが、保安検査場を通る前に買うなら第1ターミナル三階にあります。

第2ターミナル地下一階にある靴下専門店「Ｔａｂｉｏ」では、飛行機のワンポイントマークが刺繍されたソックスやＨＡＮＥＤＡのロゴがカラフルにプリントされた限定ソックスを販売しています。

女性に大好評！ 限定スイーツのお土産は「スタースイーツ」でチェック

「羽田で女性へのお土産を買っていくなら、『羽田スタースイーツ』をチェックしておけば間違いありません」

ある旅ライターからそうアドバイスをもらい、第1ターミナル二階のマーケットプレイスにあるショップをのぞいてみました。その時々でセレクトされたスイーツブランド店が四店舗、期間限定で代わる代わる出店しています。

店員さんの話では「スイーツブランドは都内にも数多くありますが、ここには全国から厳選された人気店が出店し、羽田空港でしか買えない商品が並ぶことも少なくありません」とのこと。いままさに〝話題〟に上がっているスイーツが選ばれることも多いため、スタースイーツでお土産を選べば相手の方もきっと喜んでくれますよ、と言っていました。

秋には栗きんとん、冬にはクリスマス菓子、年末近くになると紅白のお菓子など、季節を感じさせるスイーツも並ぶそうです。羽田空港で働く職員たちも「どんなお菓子が出店されているのか、欠かさずチェックしている」と言っていました。

お酒が好きなら羽田限定の日本酒にビールはいかが？

スイーツにはあまり興味がない私ですが、羽田空港の売店で「羽田」の名前がついた日本酒を見つけたときは、思わず買ってしまいました。東京・東村山の酒蔵でつくられている純米吟醸酒で、すっきりと爽やかな口あたりが気に入りました。東京の地酒なので、東京土産としても喜ばれるでしょう。

取り扱い店舗は、**第1ターミナル二階出発ロビーの「東京食賓館（Cゲート前）」「PIER 1」「PIER 4」**と、**第2ターミナル二階出発ロビー「東京食賓館（時計台1番前）」「SMILE TOKYO」**など。緑色の透明な瓶に入っていて、七二〇ミリリットル瓶が一本二一六〇円、一八〇ミリリットル瓶は五六一円（いずれも税込）で販売されています。小瓶のほうは、国際線旅客ターミナル四階の「EDO食賓館」でも販売されています。

夏の暑い時期には、**第1ターミナルの展望デッキにある「SKY STATION」でフレッシュな「羽田スカイエール」を買って飲むのも楽しみのひとつ**です。日本空港ビルデング

女性たちに人気の「羽田スタースイーツ」は第１ターミナル２階に

第１ターミナル展望デッキ内「SKY STATION」などで飲める限定ビール

株式会社と天王洲の人気レストランが共同開発した羽田空港限定のクラフトビールで、爽やかな香りとほどよい苦味が癖になるおいしさです。以前は空港内のレストランでしか飲むことができませんでしたが、オリジナルボトルに入ったスカイエールの販売が始まり、お土産として持ち帰ることも可能になりました。

羽田から始まった「空弁」は、いまや日本各地で大人気！

羽田空港で二〇〇二年に登場した**「みち子がお届けする若狭の浜焼き鯖寿司」**の大ヒットにより、またたく間に全国に広がった「空弁（そらべん）」。機内シートのトレイにちょうど収まる大きさに統一されたサイズや、匂いの出ない工夫などが凝らされていて、またたく間にファンを増やしました。

第2ターミナルのカウンター前にある全国初の空弁専門店「空弁工房」は、一見の価値ありです。羽田空港を訪れたら、ぜひ立ち寄ってみてください。各地からさまざまな店が出店し、腕によりをかけた空弁の個性を競い合っています。

「いままでに空弁を買ったことがありますか？」

各地の名物弁当が揃う第２ターミナルの「空弁工房」

空港ロビーで何人かに質問したら、八割近い人が「ある」と答えていました。「時間がないので食事は空弁で済ませることが多い」と話していたのは、これから博多へ出張だというビジネスマンです。「前に機内で弁当を開いたら、客室乗務員のひとりがすっと寄ってきておしぼりを差し出してくれました。そんなちょっとした気づかいが嬉しかったですね」

エコノミークラスで国内を飛ぶときは、ミールサービスがありません。「いつも空弁を持ち込んで機内食気分を楽しんでいる」という人が意外に多いのです。

最近では、新千歳や伊丹、那覇など地方の空港でも、ご当地グルメや地元の食材を生かした弁当販売に力を入れ始めています。各地でおすすめを聞いてみると、羽田ではやはりブームの火付け役となった**「みち子がお届けする若狭の浜焼き鯖寿司」**、ほかに人気が高かったのは**「焼き鯖寿司」**など。新千歳では**「鮭いくら弁当」**、福岡では**「牛鶏三昧」**に票が集まりました。北九州の**「小倉牛丸むすび」**もファンが多いようです。

若い女性たちに好評だったのが神戸の**「神戸エアポートランチ」**。店員のひとりは「飛行機の形をした弁当ボックスがかわいいので、つい手が伸びてしまうようですね」と話していました。

日本全国ご当地ラーメンまで⁈　珍しい自動販売機を探してみよう

羽田空港は、ユニークな自動販売機の宝庫としても知られています。第1・第2両ターミナルの数カ所にあるのが、明太子で有名な福岡のやまやが作る「飲む博多だしスープうまだし缶」や「そのまま飲めるぼるしちスープ缶」などを販売する自販機。第1ターミナル二階出発ロビーのGゲート前には子供たちに人気の「おもちゃの自販機」。さらに、国際線ターミナルのお祭り広場には「木札の自販機」が置かれ、通りかかった人たちは不思議そうな顔でチラ見していきます。

なかでもユニークだったのが、第2ターミナル出発ロビーのBゲート近くで見つけた「日本全国ご当地ラーメンの自販機」です。北は北海道から南は沖縄までのご当地インスタントラーメンが、計二〇種類。「とまとラーメン」「まぜそば」、さらには羽田空港限定の「羽田空港ラーメン」など聞き慣れない名前の書かれた袋の見本が並んでいます。いつか機会があれば食べ比べてみようと考えているのですが、いまのところチャンスがありません。

ターミナル別 空港ラウンジ一覧

第1旅客ターミナル

場所	名称	営業時間
1F マーケットプレイス	エアポートラウンジ[中央]	6:00 ～ 20:00
2F 南ウイング	エアポートラウンジ [南]	6:00 ～ 21:00
2F 北ウイング（出発ゲートラウンジ内）	エアポートラウンジ [北]	6:00 ～ 20:30
2F 南ウイング（ファーストクラスカウンターから入室）	JAL ダイヤモンド・プレミアラウンジ、サクララウンジ（南ウイング）	5:15 ～最終便出発まで
2F 北ウイング（ファーストクラスカウンターから入室）	JAL ダイヤモンド・プレミアラウンジ、サクララウンジ（北ウイング）	5:30 ～最終便出発まで

第2旅客ターミナル

場所	名称	営業時間
2F ゲートラウンジ（出発ゲート内）	エアポートラウンジ	6:00 ～ 20:00
3F ターミナルロビー	エアポートラウンジ	6:00 ～ 20:00
4F 北ピア（出発ゲート内）	エアポートラウンジ	6:00 ～ 21:30
2F 出発ロビー	ANA LOUNGE（本館北）	5:15 ～最終便出発まで
3F 到着ロビー	ANA LOUNGE（本館南）	5:15 ～ 21:00

国際線ターミナル

場所	名称	営業時間
3F 出発ロビー	ロイヤルパークホテル ザ 羽田（リフレッシュルーム）	24 時間
本館 4・5F	JAL サクララウンジ	4:30 ～ 1:30
6F	キャセイパシフィック羽田ラウンジ	7:30 ～ 17:00、22:00 ～ 1:00
出国後エリア 4F ラウンジ（中央）	SKY LOUNGE	24時間
出国後エリア 4F ラウンジ（中央）	TIAT LOUNGE	24時間
出国後エリア 4F ラウンジ（北）	SKY LOUNGE ANNEX	7:00 ～ 1:00
出国後エリア 5F ラウンジ（北）	TIAT LOUNGE ANNEX	7:00 ～ 1:00
出国後エリア 110 番ゲート付近	ANA SUITE LOUNGE	5:00 ～ 1:00
出国後エリア 114 番ゲート付近	ANA SUITE LOUNGE	6:30 ～ 13:30
出国後エリア 114 番ゲート付近	ロイヤルパークホテル ザ 羽田（トランジットホテル）	24時間

第四章

テーマパークも顔負け?!　家族で楽しむ羽田空港

空港だけの特等席！　飛行機を見ながら食事のできるレストラン

食事の時間にも空港ならではの雰囲気を楽しみたいなら、やっぱり飛行機の見えるレストランを選びたいところです。「離陸シーンなどを見ながらじゃないと空港に来た実感がわかないよね」と、すぐに入れそうな店には目もくれずに順番待ちの列ができる有名店に並ぶ人もいます。

第1ターミナルでは、国際線ターミナルとの間に伸びるA滑走路が見えるレストランがおすすめ。マーケットプレイス四階で軒を連ねる「ロイヤルドミニコ イタリアンダイニング」「ロイヤル デリ」「ロイヤルコーヒーショップ」と、五階の「エア ターミナル グリル キハチ」です。

第2ターミナルでは東京湾を背景に横たわるC滑走路が見える四階の「エアポートグリル&バール」と「南国酒家」。展望デッキに隣接する五階の「CASTELMOLA」も、昼の時間帯は多くの人で混み合います。

いずれのレストランでも、もちろん窓側のテーブルをリクエスト。多少順番を待つことになっても、飛行機が見える席に座らなければ意味がありません。

ほかには、八四ページで紹介した第2ターミナル五階の屋内展望フロア「FLIGHT DECK TOKYO」に併設されたカフェ「アミーチデルテ」もおすすめです。C滑走路に向かって設置された居心地のいいソファがあり、パスタやスープなどのメニューを揃えています。ここはもともと、品川区のJR大森駅近くにあったパン屋さんがオープンしたカフェなので、パンケーキやスコーンなどのデザートメニューも充実。テーブルを囲んでいた四人グループのひとりは、「ここでゆっくり時間を過ごすのが私たちのストレス解消法」と話していました。

フライトシミュレーターで機長を体験！

滑走路先端に停止した状態からスラストレバーを押し出してエンジンを全開に。タイヤが滑走路面を転がるゴツゴツした振動が伝わり、速度が増すにつれて前方の滑走路の景色が勢いよく後方へ流れ始めました。コントロールホイールを手前に引き寄せます。その瞬間、機体のノーズが持ち上がり、身体に感じていた振動がふっと途絶え、操縦する機体は空に浮か

フライトシミュレーターで飛行機の操縦にチャレンジ

び上がりました――。

これは、ある航空会社のパイロット養成現場を取材した際に、本物の「フライトシミュレーター」を操作させていただいたときの感想です。あのときの感覚は、何年たっても忘れることはありません。エキサイティングな体験でした。

羽田空港の国際線ターミナルでは、そんなフライトシミュレーターに、一般の人たちもチャレンジすることができます。設置されているのは**ターミナル五階、TOKYO POP TOWNや展望デッキとお祭り広場つなぐ通路スペースである「TIAT Sky Road」**。初心者向けのモーション無しタイプのマシンが一台、中・上級者向けのモーション有りタイプのマシンが三台設置されており、モーション無しタイプは一回二〇〇円、モーション有りタイプは一回三〇〇円で、約五分間の疑似操縦体験を楽しむことができます。

航空会社がパイロットの訓練で使うフライトシミュレーターとは規模も性能も違いますが、実際のコクピットを模した頭上のディスプレイなどはかなり凝ったつくりですし、離陸・上昇していく感覚のリアルさも本物に引けをとりません。操作の仕方は壁にわかりやすく張り出されていますので、まったく初めてという人でも安心です。何人かの仲間と挑戦して、操縦技術を競い合ってみるのも楽しいでしょう。

無料の見学会で整備工場の中へ——旅客機も間近で見られる

旅客機を雨風や砂塵から守って保管する格納庫のことを、業界用語で「ハンガー」と呼びます。日々の安全運航のために、旅客機にはさまざまな点検や整備が法律で義務づけられており、それらの作業のメイン舞台にもなっています。その内部は、どのようになっているのでしょうか？

機体が間近に迫る ANA の整備ハンガー

巨大な建物の内部に入ってみるとわかるのは、整備士たちが効率的に作業を行えるよう随所に工夫が凝らされていること。部品を一つひとつ取り外して点検作業を行う必要性から、機体のどの場所にも手が届くように「ドックスタンド」と呼ばれる作業用の足場が組めるようになっています。天井には、交換する部品を運搬するためのクレーンなども装備。フロアに配置された大型のラックには、工具や器具類がきれいに整理整頓され、必要なときに必要な道具がスムーズに取り出せる状態になっています。

飛行機ファンの人たちからは、よく**「整備ハンガーを見学することはできませんか？」**といった質問が届きます。航空の世界に興味をもち、将来は空港で働く仕事に就きたいと願う若い人も多いのでしょう。そんな人たちにぜひ活用してほしいのが、ＪＡＬやＡＮＡが羽田のメンテナンス工場で開催している、一般の人たち向けの航空教室です。

「ドック入りしている旅客機が意外に小さく見えたのは、それだけハンガーが巨大であることの裏返しでしょう」と感想を話していたのは、ＡＮＡの見学会に小学生の子供を連れて参加していた父親でした。「実際にハンガーに降りて目の前で飛行機を観察できるなどめったにない機会。貴重な体験になったと思います」

見学の申し込みは、ＪＡＬはホームページから、ＡＮＡはホームページのほか電話での予約も可。個人でも団体での申し込みも受け付けています。

懐かしのあの制服も展示されている「JAL SKY MUSEUM」

前述したＪＡＬの工場見学は、整備ハンガーだけでなく、隣接する展示エリア「ＪＡＬ ＳＫＹ ＭＵＳＥＵＭ」での約三十分の見学ツアーがセットになっています。

JAL SKY MUSEUMは、一般の人たちにJALのことをもっとよく知ってもらお

歴代の制服が展示されている JAL SKY MUSEUM

うと二〇一三年七月にリニューアルオープンしました。運航乗務員（パイロット）や客室乗務員（ＣＡ）、整備士などの仕事を紹介するブースや、航空機のキャビンに搭載している最新シートの展示スペースなどがあります。

ここを訪れる人たちの人気を集めているのが、ＣＡの制服展示コーナーです。当時「エアガール」と呼ばれていた一九五一年の初代モデルを始め、これまで一〇回にわたってリニューアルされてきたＪＡＬグループのＣＡたちの制服を集結。年代ごとの歴史がわかりやすく紹介されています。

ちなみに初代（一九五一年〜一九五四年）は時代を象徴するような長めのスカートで、

シルバーグレーの上品な色あい。四代目（一九六七年～一九七〇年）、五代目（一九七〇年～一九七七年）、六代目（一九七七年～一九八八年）は森英恵さんがデザインしました。とくに五代目は大胆なミニスカートのスタイルで、若い見学者のあいだでは「これが最高にかわいい」と一番人気のようです。歴代の制服のなかで最も長く用いられた六代目は、掘ちえみさん主演の人気テレビドラマ「スチュワーデス物語」の劇中でも着用されました。

制服コスプレで僕も私もパイロット・CA気分！

「若い頃は航空会社の客室乗務員に憧れました」

「一度、着てみたかったんです」

そんな声が飛び交うのが、**JAL SKY MUSEUMの制服試着コーナー**です。見学ツアーではCAやパイロットの制服を試着することができ、私が取材で訪ねたときは制服を着用した女性グループが航空機の大型パネルやコクピット模型を背景に記念撮影に興じていました。

もっとも、試着できるのは現役のCAが着用しているものだけです。展示されている歴代の制服から好きなものを選べる、というわけではありません。

現在の制服は二〇一三年に着用がスタートした一〇代目。「美しいデザイン」「吟味された機能性」「おもてなしの心」などの表現をテーマに、服飾デザイナーの丸山敬太さんがデザイン・監修を手がけました。ジャケットを脱いでも着ていても絵になる制服で、ベルトやスカーフに赤を取り入れることでＪＡＬらしさが表現されています。


〈コラム／着物姿でもてなしていた古き良き時代〉


国際化が進展しつつあった一九六〇年代～七〇年代前半、日本文化の架け橋として世界に翼を広げたＪＡＬは、ロンドン、ニューヨークなど長距離路線の機内で客室乗務員が和装（着物姿）でもてなすサービスを行っていました。

狭いトイレで五～十分で着替えられるよう上下が別々になった二部式着物で、帯も簡単に装着できるワンタッチ式のものだったということです。それでも「着替えるのが大変」「緊急を要するときにスムーズな動きができない」といった理由で、七〇年代半ばには姿を消してしまいました。

「あの〝純和風〟のサービスはよかったよ」――当時を懐かしむそんな声が、いまも私の耳には届きます。

いまは姿を消した着物でのサービスシーン　©JAL

もちろん、着物での接客が終わったからといって、JALのサービスから「和」のテイストが消えてしまったわけではありません。機内で生米から炊飯した炊き立てごはんを提供するサービスなどは、まさに〝純和風〟の試みと言えるでしょう。二〇〇五年十二月にロンドン線とニューヨーク線の上級クラスで始まり、いまもサービス提供路線を拡大して継続されています。ほかのサービスアイテムにも、「和」はさまざまな形で取り入れられています。ワインリストに日本産のワインを加え、添えるチーズに国産のものを揃えるなども、そのひとつ。さらに、食事を提供する際にも、外国人にはなかなか真似できない、日本人ならではの所作があります。配膳のときに、食器をポンとテーブルに置くのではなく、さりげない余韻をもたせる「手添え」という振る舞いも、日本独特の文化です。

JALのフライトサービスには、古き良き時代の「和のもてなし」が、現在も脈々と受け継がれているのです。

フライト前の化粧直しにオムツ替え、着替えもできる多目的レストルーム

羽田空港の化粧室（トイレ）は、各階に多機能トイレが設けられており、車椅子の方やオムツ替えをしたい方などにも利用しやすいようになっています。しかし、もっとも機能が充実しているのは、第1ターミナルの一階到着ロビーにある「多目的レストルーム」でしょう。二〇一六年に、北ウイングと南ウイングのそれぞれに一カ所ずつ設けられ、授乳室や子供用トイレ、盲導犬などの補助犬用トイレのほか、着替えのできるフィッティングルーム、女性用にはゆっくり化粧直しのできる椅子付きのパウダーコーナーを完備。さらに、スーツケースを持っていても利用しやすいよう、通路にも個室にも広いスペースが取られています。

この多目的レストルームは、とくに小さな子供を持つ人たちから「とても便利です」と絶賛の声を聞きます。その理由のひとつは、ユニバーサルデザインに対応しているため、赤ちゃんからお年寄りまでストレスなく使えることだそう。ほかにも、キッズトイレとして小さなサイズの男児用便器と洋式便器が並んでいるファミリー用のスペース、オムツ交換台（三

台）やカーテン付きの授乳スペース（二室）のほか、ミルクをつくるための浄水給湯器や、離乳食を温めるための電子レンジも備えられています。

車椅子の利用にも快適です。多機能トイレとして手洗いまで完結できる広々としたスペースが用意されました。便利なのは、男女用ともに更衣室があること。出張先から到着して「少しでも早く窮屈なスーツを脱ぎ捨てたい！」と、ラフな服に着替えて自宅に向かう人もいるそうです。

無料のキッズコーナーで子供たちも退屈知らず

羽田空港は小さな子供連れのお母さんたちからも「そこかしこに気配りが行き届いていて使いやすい」と好評です。

親子で飛行機を利用する際の心配事のひとつが、チェックイン手続きをしてから搭乗を待つ間に子供たちが退屈してグズるんじゃないか、ということ。幼児をふたり、三人と連れているお母さんならなおさらです。

そんな不安を解消しようと、**第1・第2ターミナル両方の出発ロビーと出発ゲートラウン**

ジには、無料で利用できる「キッズコーナー」が設けられています。飛行機をモチーフにした遊具や小さな滑り台など、遊具が充実。スペースも広いので、のびのび遊ばせることができます。

さらに、第1ターミナル出発ロビー北側、G検査場付近にあるキッズコーナーの奥には、有料のマッサージチェアが置かれています。パーテーションで仕切られているので、子供を遊ばせながらお母さんはのんびりマッサージ——。「気配りが行き届いている」と評判なのは、こうした配慮のおかげかもしれません。

第五章

すみずみまで知り尽くす！　聞いてビックリ羽田のトリビア

羽田空港の「日本一」にはなにがある？

空港としての規模を表す数値を始めとする、羽田空港のさまざまな「日本一」をご紹介しましょう。

第一章の冒頭でも少し述べたように、**羽田空港の年間利用者数は、国内線六二七〇万人、国際線一三四二万人を合わせて七六一二万人と日本一**です。これは二〇一五年の統計ですが、二〇一六年もさらに増える見込みですし、東京オリンピックが開催される二〇二〇年に向けて発着枠の拡大を予定しているので、羽田が日本一忙しい空港であることは当分変わりません。

滑走路が四本ある空港も、国内には他にありません。四本目のD滑走路が建設されたのと合わせて、日本一の高さを誇る地上一一六メートルの新管制塔も建てられました。ちなみに世界一高い管制塔はタイ・バンコクのスワンナプーム国際空港にあって、一三二・二メートルです。

年間の発着回数も羽田は四四・七万回で日本一。これに成田の二七万回を足すと、首都圏だけで発着回数は七一・七万回になりますが、二〇二〇年の東京オリンピックイヤーに向けてはこれでも不足すると予想され、さらに増やしていくことが検討されています。

英国の調査機関スカイトラックス社からは、**羽田空港は「世界一清潔な空港」に認定されました。世界一なので当然、これも日本一。**その清潔さを支える清掃スタッフたちは、マスコミ各社で**「日本一の掃除人」**などと大きく取り上げられました。

羽田空港には**「日本で飛行機にいちばん近い保育園」**もあります。日本一の掃除人と日本一飛行機に近い保育園については、この章でのちほど詳しく紹介します。

もうひとつ。羽田には国際線ターミナルに「魚がし日本一」という寿司店がありますが、これはチェーン店でほかにも各地にありますし、そもそも日本一の意味が違いますね。

羽田空港は住所も「羽田空港」だった?!

あるとき、羽田空港に勤務する友人に荷物を送る用事があって住所を調べていたら、とある発見をして、ついつぶやいてしまいました。

「そうか。羽田空港は住所も大田区羽田空港なんだ！」

航空会社の社屋や工場が並ぶエリアの番地は、羽田空港三丁目。興味が出てきてさらに調べてみると、A、B、Cの滑走路のあるエリアも同じく羽田空港三丁目ですが、沖合に展開するD滑走路には「大田区羽田空港」だけで番地がありません。国内線のふたつのターミナルや貨物エリアも三丁目で、国内線ターミナルは二丁目、旧整備エリアは一丁目でした。

基本的には、住所として用いられるのは住民票にも記載されている住居表示です。そこで、大田区役所に電話で問い合わせてみたところ、「大田区羽田空港という地名に住民票が登録されている人はいない」とのことでした。かつて航空管制官を育成する航空保安大学が羽田空港にあり（現在は大阪のりんくうタウンに移転）、近くの寮に友人が住んでいました。彼の住民票は確か「大田区羽田空港一丁目」という住居表示だったと記憶しているのですが、いまでは全員が移転してしまったということでしょうか。

競馬場に海水浴場も！　行楽地として開発された昔の羽田

このあたりで少し、羽田の昔話をしてみましょう。

空港ができる前の羽田は、現在の姿からは想像もできないような、人々で賑わう行楽地でした。

当時の京浜電気鉄道（現在の京浜急行電鉄）の蒲田―穴守間が開通したのは一九〇二年。羽田空港の前身である東京飛行場が開港した一九三一年よりもかなり前のことです。穴守稲荷の周辺は門前町として、関東一円でも屈指の賑わいを見せていました。

一九〇九年には、現在の空港がある場所に羽田運動場がつくられ、野球場やテニスコートなどスポーツを楽しむ場所として発展しました。のちには海水浴場や遊園地なども開設され、市民のレクリエーション場所として栄えていたのです。

さらに、一九二七～一九三七年の十年間は羽田競馬場もあって、いまとはまったく様子の違う街でした。

空港へ行くにも入場票が必要だった戦後の混乱期

一九三一年に開港した東京飛行場は、一九四五年の終戦後から米軍の管理下に置かれ、「ハネダ・アーミー・エアベース」と呼ばれるようになります。一九五二年になってようやく米軍・羽田空港基地の一部が日本に返還されて「東京国際空港」としてスタートしました。

しかし当時は、旅客ターミナルの施設がまだ十分に整っていません。整備施設や米軍の関係施設のある一角に、小さな規模の旅客取扱施設ができただけでした。

空港施設の多くは米軍基地として機能していたため、民間用の旅客ターミナルが一九五五年にできるまでは、空港へ入場するには国が発行した「入場票」が必要でした。入場票の裏面には「滑走地帯及び芝生には入らないこと」「軍用建物には立ち入らないこと」などの注意事項が記載され、戦後間もない頃の規制された状況がうかがえます。

ちなみに当時の羽田空港の中心機能は、現在の東京モノレール・整備場駅周辺にありました。同駅の改札を出たところには、廃墟化した小屋のような建物がいまも残っています。このあたりが空港のメインエントランスだったのでしょうか。

羽田発一番機の乗客は六〇〇〇匹の●●●●?!

羽田空港が開港した一九三一年の夏の終わり——羽田がまだ「東京飛行場」と呼ばれていた時代の話です。開港当日の朝七時三十分、定期航空の第一便として、六人乗りの旅客機（スーパーユニバーサル）が中国・大連に向けて飛び立ちました。

コクピットに乗り込んだのは、操縦士と機関士のふたり。ところが、キャビンには乗客らしき人の姿はまったく見当たりません。じつは、この最初の定期便の乗客は、なんと**六〇〇〇匹のスズムシとマツムシ**でした。大連の人たちに「秋の声」を届け、日本の風情を味わってもらおうという粋な贈り物です。そして、この虫たちはまた、誕生したばかりの航空会社にとっては、やっと探した大切な〝乗客〟でした。

時は流れて、羽田空港の利用者数はいまや年間七〇〇〇万人以上に。世界でも第五位の大空港に成長を遂げるとは、当時の人たちもきっと想像しなかったのではないでしょうか。

羽田空港に保存されている戦後初の国産旅客機「YS‐11」

国産のプロペラ機「YS‐11」は、第二次大戦後に初めて日本のメーカーによって開発された旅客機で、一九六二年に初飛行し、一九七二年までに計一八二機が製造されました。客席数六〇程度の小さな旅客機ですが、日本の空では二〇〇六年まで、じつに四十年以上にわたって活躍し、私も国内の移動の際に何度となく搭乗しました。

海外にはいまも現役で飛んでいる機体がありますが、日本では海上保安庁が使用していた機体が二〇一一年に退役したのを最後に、国内の空でその姿を見ることはできなくなりました。国立科学博物館が保有している量産初号機（機体登録番号：ＪＡ８６１０）は、現在では羽田空港の旧整備エリアに戦後まもなく米軍が建設した「Ｔ‐１０１格納庫」に保管されています。このＴ‐１０１格納庫そのものも、歴史的価値の高い建物として知られています。

同じ時代に活躍したその他のＹＳ‐11たちは、高松空港に隣接する「さぬきこどもの国」や、埼玉県所沢市の航空公園駅前などに展示されています。

空港にある神社のご利益は？

第1ターミナルの一階到着ロビーの中央付近に、ある看板が出ています。看板には「航空神社」という文字。案内に沿って通路を進むと、歯科診療所があり、その奥に知る人ぞ知る羽田航空神社があります。古い木製の表札が掲げられ、こじんまりとしてはいますが由緒ある雰囲気。小さな社（やしろ）の前には赤じゅうたんが敷かれ、賽銭入れも置いてあります。

本祠（ほんし）は新橋の航空会館屋上にある航空神社で、羽田には一九六三年に、その御分霊（分

日々の安全運航を願う人たちが訪れる羽田航空神社

祠）として建立されました。航空業界の躍進と航空安全輸送を祈念する神社として、空の安全を願う人たちの隠れパワースポットになっています。羽田航空神社は無人で、おみくじやお守りの取り扱いはありませんが、航空会館で授かることのできるお守りは、「落ちないお守り」として受験生に人気だそうです。

パワースポットといえば、**国際線ターミナル五階の「お祭り広場」にも、羽田空港ならではの願掛けスポットが。**広場の壁一面に願いごとが書かれた木札が飾られており、この木札はすぐ横に設置された自動販売機で、一枚五〇〇円で購入できます。札の裏面は航空チケット仕様のデザインになっていて、これがマニアにはたまらないのだそうです。「○○大学に合格しますように」「家族が健康で暮らせますように」といった一般的な願いごとの中に、航空会社の名前とともに「事故のない一年になりますように」という願いも見つけました。

国際線ターミナルにはイスラム教徒の祈りの場も

中東のドバイやマレーシアのクアラルンプール、トルコのイスタンブールなど、イスラム圏の街を歩いていると、決まった時間に近くのモスクから礼拝を呼びかけるアザーンの音が響いてきます。イスラムの人たちにとっては、とても大切な時間。一日に五回、聖地メッカに向かって祈りを捧げなければなりません。

羽田空港でも近年、欧米やアジアからの人たちばかりではなく、アラブ諸国からの旅行者を多く見かけるようになりました。そこで、二〇一四年の国際線ターミナルの拡張にともない、新たに**イスラム教の人たちのための「祈祷室（Prayer Room）」**が設置されました。場所は三階出発ロビーのLカウンター付近。祈りの前に身体を清めるために必要な水場も設けられています。神聖な場所であるため、ここでの飲食や喫煙はできません。

羽田空港と縁のある音楽たち

京浜急行の羽田空港国際線ターミナル駅で電車を待っていたときのこと。電車が接近していることを知らせる音楽なのか、どこかで聞いたことのあるメロディが流れてきました。近くにいた旅行帰りらしいグループに聞くと、**「ＳＥＫＡＩ ＮＯ ＯＷＡＲＩ」という若者に人気の４人組バンドの「Ｄｒａｇｏｎ Ｎｉｇｈｔ」**という曲だそう。「若い世代の音楽グループの曲がこういう場所に採用されるなんて珍しいなあ」と思ったのですが、彼らは有名になる前から京急沿線の大田区で活動していた、京急空港線にゆかりのあるアーティストだと知りました。この曲が「駅メロディ」として採用されたのは、国際線ターミナルが開業して五周年を迎えた二〇一五年だそうです。

なお、羽田空港にまつわる曲もいくつかあります。古い曲ではフランク永井の「羽田発7時50分」（一九五八年）、新しいものではＴＯＫＩＯの「羽田空港の奇跡」（二〇一一年）のほか、二〇一五年に国際線ターミナルの応援ソングとして書きおろされたシクラメンの「ＳＫＹＷＡＬＫＥＲ」などがあります。

非常時のために六〇〇〇人の三日分の食料備蓄が

二〇一一年三月の東日本大震災の傷跡がいまだ癒えないなか、二〇一六年四月には九州の熊本地方が震度六強の大地震に襲われました。じつはこのとき、私は熊本空港と天草空港の取材でちょうど現地入りしており、この間に震度六強の地震を三回も体験してしまいました。

怪我もなく無事に帰京できたのはよかったのですが、あの恐怖は言葉では言い表せません。その後は**「仮にもっと大勢の人が利用する羽田で巨大地震に遭遇したらどうなるのだろう?」**などということを真面目に考えるようになりました。

羽田空港ではもちろん、空港管理会社が中心となり、航空会社や入居するテナントなどを含めて安全への意識を高める啓蒙活動や防災訓練などを行っています。震災発生時に空港を訪れている利用者の安全を確保するための震災対策マニュアルの作成や、地震発生を想定した避難訓練も定期的に実施されています。

非常食や毛布、仮設トイレなどの災害対策備品ももちろん備蓄されてます。水については、確か地下に巨大な貯水槽が数個設置され、二〇〇〇トンが確保されていると以前に聞いたことがあります。空港ターミナル側からの資料には、「災害時にターミナルビル及び駐車場に避難する空港利用者を六〇〇〇人と想定して、一日分の食料・飲料水・必需品を備蓄してきましたが、二〇一二年からは三日分に増やしました」と記載されています。

空港地下に延びる総延長四〇キロメートルの先進配管システム

羽田空港の敷地南側には航空燃料を備えておく巨大な貯油基地があり、燃料は桟橋に着岸した油槽船で貯蔵タンクへ運ばれます。

貯蔵タンクの燃料を航空機が駐機するエプロンへと送油するのは、空港の「ハイランドシステム」。地下に油槽管を張り巡らせ、そこへポンプで圧力をかけた燃料を流し出す仕組みです。この先進システムを全国に先駆けて導入したのが羽田空港でした。

地下には貯蔵施設から延びる総延長四〇キロメートルの配管が埋められ、滑走路の下を通って旅客ターミナルのエプロンまで続いています。送油管によってエプロンへ運ばれた燃料は、計三〇〇カ所に設けられたハイランドバルブから燃料給油車を中継して、次のフライトの出発準備を進める航空機の燃料タンクへと給油されていきます。

最新技術を駆使したハイブリッド滑走路

二〇一〇年に新設されたD滑走路には、技術大国ニッポンの技術の粋が詰まっています。桟橋部と埋め立て部からなるユニークな「ハイブリッド構造」は、世界でも話題になりました。D滑走路のある人工島は空港の南側に位置し、全長三一二〇メートル、横幅は五〇〇メートルあります。このうち東側の約三分の二は埋め立てて造成されましたが、西側の三分の一には海中に埋め込んだ柱で支える桟橋構造を採用。この部分は多摩川の河口部にあたるため、東京湾への流れを阻害しないように通水性を確保する必要があったのです。

滑走路を支えている鋼鉄杭の総数は約三〇〇〇本で、一本あたりの直径は約一・六メートル。この地点の水深は二〇メートル近くあり、さらに海底表面から二〇メートルの地盤が軟弱なため、それ以上に深い地盤まで杭を打ち込まなければなりません。使用された杭の長さは六〇~一〇〇メートルあり、その一本一本にサビを防ぐための防食対策として、総ステンレス張りが施されました。

D滑走路では大型船の通行に合わせて離着陸を中断

D滑走路の東の海域には、東京港への船の航路があります。そのため滑走路の新設にあたっては、人工島を現在のサイズよりさらに長く海側へ延ばすことは不可能でした。また、滑走路の延長線上に大型船がいるときは、航行の邪魔をしてしまうため、通過するまで航空機の離着陸ができません。船が通り過ぎるのを待って、管制塔から離着陸の許可が出されます。

こうした影響を少しでも抑えるため、D滑走路のある人工島は空港本体よりも高く造成されました。D滑走路へ向かう連絡誘導路が上り坂になっていることに気づいた人もいるでしょう。ふだん何気なく利用している滑走路一本にも、こうしたさまざまな工夫がなされているのです。

機内食はどこでつくっているの？

上空の機内でサービスされる食事は、空港近くにあるケータリング会社で調理されていま

ＡＮＡ機内食工場での盛りつけの様子　©Charlie Furusho

す。航空各社が運営するこれらのケータリング会社は、いわば機内食の専門工場。羽田空港近くの現場を訪ねると、意外にも機械作業ではなく、ほとんど手作業で料理が進められていました。

白衣の作業服に帽子、マスク、手袋を身につけ、靴底洗浄やエアシャワーで衣服のほこりを落として厳重に衛生管理されたスタッフたち。その一人ひとりが役割を分担し、流れ作業で調理に当たっています。食材となる肉、魚、野菜などは、下処理過程でひとり分ずつの量（重さ）に切り分けられて業務用冷蔵庫へ。別の担当がこの下処理済みの食材を、ナベやフライパンで加熱調理していきます。そうして出来上がった料理は、盛りつけ担当のスタッフが「盛りつけ見本」を参考にしながら一品一品、正確に容器に並べていきます。

機内食づくりの現場が最も忙しくなるのは、出発便のラッシュが始まる二～三時間前。機内食は乗客に出したときに最高においしくなるタイミングを逆算して調理されるため、おのずとその時間帯が作業のピークになります。

世界一清潔な空港を支えるプロの業師たち

日本の空の玄関口・羽田空港が、二〇一五年の「世界一清潔な空港」に選ばれました。選定したのは、航空関連の格付けで定評のある英国の調査機関スカイトラックス社。羽田が清潔さ世界一の栄冠を手にしたのは、これで三年連続です。その陰には、プロの職人技がありました。

海外から羽田に降り立つ人たちは、鏡のようにピカピカのフロアやゴミひとつ落ちていない通路、においのまったくないトイレなどに揃って驚きます。清掃担当の女性スタッフは鏡を手に、なかなか目に入らない便器の裏までを入念にチェック。汚れがあれば、便器の奥に手を突っ込んでていねいに洗い上げていきます。

「うちの国でそこまでする清掃員はいないわ」。見ている人たちはそう言ってびっくり。清掃スタッフは「こういう細かい汚れが、時間が経つとにおいの原因になってしまうんです」と説明します。

羽田空港には、こうした「プロの技」をもつ約四〇〇人の専門スタッフたちが二十四時間、交代で働いています。便利さだけでなく快適さでも羽田が評価されている理由でしょう。日本人のひとりとして、私も誇りに思います。

預けた荷物を間違いなく運んでくれる最先端のシステム

空港のカウンターに預けた手荷物は、どのようにして仕分けされ、旅客機に積まれて目的地の空港まで運ばれるのでしょうか?

カウンターの旅客スタッフは預けた荷物に行き先のスリーレターコード（一四六ページ参照）が表示されたタグを貼り、乗客にはその引換券が渡されます。そして荷物は、カウンターの背後にあるベルトコンベアに乗せられ、空港一階の滑走路側にある巨大な仕分け場へと自動的に流れていきます。昔は一つひとつのタグを係員が目で見て、「ＨＫＧ」と表示されていれば香港行きの便に、「ＬＨＲ」ならロンドン行きの便にと目的地ごとに仕分けしていました。しかし国際便が世界中に飛び交うようになった現在では、そんな原始的なやり方ではとても対応が間に合いませんせん。「ＬＡＸ（ロサンゼルス）」と「ＬＵＸ（ルクセンブルグ）」など一字違いのまぎらわしいスリーレターコードも多く、目的地とは違う都市の空港へ荷物を運んでしまう仕分けミスも少なくなかったのです。

現在は、とても高度なシステムで荷物管理が行われています。**ベルトコンベアを通過した個々の荷物につけられたタグのバーコードを、人間ではなく機械（バーコード読取装置）が読み取り、その荷物情報をコンピュータが解読・処理。**「航空会社」「便名」「目的地」などの情報をもとに、所定の便のコンテナへと導いていきます。

一般的な大きさのコンテナの容量は、スーツケース約四〇個分。私たちがフライトを楽しんでいるあいだ、貨物室で過ごした荷物は、到着した空港で再びコンテナごと降ろされてカーゴトラックでターミナルビルへ。コンテナから一つひとつの荷物が取り出され、現地スタッフの手で「Ｂａｇｇａｇｅ Ｃｌａｉｍ（手荷物受取所）」に続いている所定のベルトコンベアの上に移されていきます。

羽田から飛び立つのは旅客機だけではない？

羽田空港の混雑は年々激しさを増しているため、空港を使えるのは基本的に、公共性の高い旅客機に限られています。ただし、厳密には旅客機以外の飛行機も羽田から発着しています。

浜松町から東京モノレールに乗って羽田空港に向かう途中、整備場駅の付近に、小規模な格納庫と見慣れない塗装の小型機が並んでいるのが目に入ります。これらの格納庫は海上保安庁と、朝日、読売、毎日などの大手新聞社のもので、取材用の小型機のほか、企業が所有する専用ジェットなども見えます。

羽田空港には海外の首脳を乗せた特別機もよく降り立つほか、日本の政府専用機も羽田から発着します。日本の政府専用機は、現在はジャンボジェット（ボーイング747）が使用されていますが、二〇一九年からボーイング777に更新されることが発表されています。

車よりも飛行機が身近?!　羽田空港ですくすく育つ園児たち

開港から八十六年の歳月を経て、羽田空港もずいぶん変わりました。飛行機で旅をするのが当たり前の時代になり、若い人でも毎年二回、三回と海外に飛び立っています。

小学校に上がる前から空港で育ち、飛行機を身近に感じながら過ごす子供たちも現れています。羽田空港の中には、なんと保育園があるのです。

「アンジュ保育園」は、第1ターミナルの三階にあります。二〇〇七年に開園した、れっきとした東京都の認証保育園で、「日本一飛行機に近い保育園」とマスコミに紹介され、有名になりました。対象となる子供は、生後五十七日〜未就学児まで。羽田近辺在住の子だけでなく、都内各地や千葉県、埼玉県などから通っている子もいるそうです。園内は意外に広く、人工芝を敷いてつくられたインナーガーデンと呼ばれる遊戯エリアがあり、私が見学に行ったときも子供たちが元気に遊んでいました。

飛行機の近くで育った子供たちは、将来どういう道に進むのでしょうか？　航空の世界を目指してくれるとうれしいな、と個人的には思います。

おもな空港内レストラン

第1旅客ターミナル

場所	名称	特徴	営業時間	ページ
6F展望デッキ	SKY STATION	羽田スカイエール	11:00〜17:00	100
4F	ロイヤルドミニコ イタリアンダイニング	飛行機を見ながら	10:00〜22:00 L.O.21:30	108
	ロイヤル デリ	飛行機を見ながら	6:15〜21:00 L.O.20:30	108
	ロイヤル コーヒーショップ	飛行機を見ながら	6:30〜21:30 L.O.21:00	108
5F	エア ターミナル グリル キハチ	飛行機を見ながら	11:00〜21:00 L.O.20:30	108

第2旅客ターミナル

場所	名称	特徴	営業時間	ページ
5F	CASTELMOLA	夏には ビアガーデンも	11:00〜22:00 L.O.21:00	95
5F展望デッキ	アミーチデルテ	飛行機を見ながら	8:00〜21:00 L.O.20:30	109
4F	エアポートグリル&バール	飛行機を見ながら	8:00〜21:30 L.O.21:00	108
	南国酒家	飛行機を見ながら	10:30〜21:30 L.O.21:00	108
3F	アッパーデッキ トーキョー	フードコート	店舗により 異なる	59

国際線ターミナル

場所	名称	特徴	営業時間	ページ
5F	PLANETARIUM Starry Cafe	プラネタリウム 番組あり	7:00〜23:00	90

第六章

知ればますます空港通！　空港と航空のおもしろトリビア

よく聞く「ハブ空港」ってなに?

エアライン関係のニュースの中には、よく「ハブ空港」という言葉が登場します。**「ハブ空港とは、つまり大都市の大きな空港のことだよ」とワケ知り顔で説明する人がいますが、残念ながらそうではありません。**ハブ空港が大都市に置かれるケースが多いのは事実ですが、大都市にあればすべてハブ空港というわけではないのです。

たとえば羽田、青森、大阪、鹿児島という四都市の空港を結ぶ路線を計画するとしましょう。この四都市をすべて直行便で結ぶとなると、羽田―青森、羽田―大阪、羽田―鹿児島、青森―大阪、青森―鹿児島、大阪―鹿児島という、六つもの路線が必要になります。では、羽田空港を中心に三都市を結ぶ路線のみに絞ると、どうでしょうか。羽田と他の三空港は直行便で、青森、大阪、鹿児島間は羽田を経由することで行き来できます。

後者のような路線計画なら、必要路線数はすべてを直行便でつないだ前者の半分で済みます。つまり、四都市をたった三つの路線でつなぐことができるのです。この場合の羽田のような、路線網の中心として機能する空港を「ハブ空港」と呼ぶのです。

ハブとは、もともと自転車などの車輪の「軸」の部分を指す言葉です。そこにたくさんのスポークが集まる様子から、ローカル空港へ放射状に航空路線が伸びる中心（拠点）に位置する空港をハブ空港と呼ぶようになりました。自転車の車輪のハブとスポークにたとえた「ハブ＆スポーク方式」という言葉も定着しています。では、ハブ＆スポーク方式での路線網を展開することには、どんなメリットがあるのでしょうか？

航空各社にとっては、**ハブ＆スポーク方式を導入することで、より効率的なダイヤを組めるようになります。**すべての空港を直行便で結ぶとなると運航便数が増加し、機材（旅客機）の振り分けや乗務員（パイロットやキャビンアテンダント）の割り当てなどの調整も複雑になります。一方、ハブ空港を中心とした路線展開なら、便数をぐっと減らすことが可能です。さらに、**利用客にとっても利便性の高まる面があります。**先の例で挙げた四つの都市で、一日に最大一二便を運航できる能力がある航空会社を考えてみましょう。四空港すべてを直行便で結ぶ場合は、必要な六つの路線に二便ずつ、つまり毎日一往復しか割り当てられません。それをハブ＆スポーク方式で羽田空港を中心にした路線展開にすれば、三つの路線に一日四便ずつ、二往復を運航できます。その二往復を午前便と午後便などに振り分ければ、利用者にとっても選択の幅が増えてとても便利。ローカル空港からローカル空港へ移動する場合も、ハブ空港で一回乗り継げば、都合のいい時間帯にどこへでも行けるようになるのです。

羽田の「HND」はわかるけど、なぜ関空が「KIX」？

世界中には約一万の空港があり、その一つひとつに国際航空運送協会（IATA）によって決められた三つのアルファベットによるコード（スリーレターコード）が割り振られています。日本の空港を例にとれば、羽田空港はHNDで成田空港はNRT、関西国際空港はKIXです。

おや？　HNDとNRTは空港名をローマ字表記したときの感じからなんとなくわかりますが、関西国際空港がどうして「KIX」なのだろう？　そう疑問に思った人も多いのではないでしょうか。

世界の空港のなかには、ほかにも空港コードの三つのアルファベットからでは空港名を連想しにくいところがあります。たとえば、ロシアのサンクトペテルブルクにあるプルコヴォ空港は「LED」、ベトナム・ホーチミンのタンソンニャット国際空港は「SGN」です。

これらは、旧市名の「レニングラード」や「サイゴン」に由来しています。

アルファベットは全部で二六文字ありますから、スリーレターコードは理論上、二六×二六×二六＝一万七五七六通りの組み合わせが可能です。現在利用されている空港の数は世界に約一万ですから、新しい空港ができても、当分は空港コードが足りなくなる心配はありません。しかし、**三文字をどう組み合わせるかは、じつは早い者勝ち。**決める際にはどの空港も「できるだけわかりやすい三文字に」と思うようです。

一九九四年に開港した関西国際空港は、本来なら「ＫＡＮＳＡＩ　ＩＮＴＥＲＮＡＴＩＯＮＡＬ　ＡＩＲＰＯＲＴ」の頭文字を取って「ＫＩＡ」としたいところでした。しかしＫＩＡはすでにパプアニューギニアのカイアピットという空港が使用済みで、ＫとＩに続くアルファベットはＩとＸしか残されていませんでした。関空が選択したのは、そのうちのＸのほうだった、というわけです。たしかに「ＫＩＸ」のほうが発音したときの響きがよく、旅行者の間ではいまや「キックス」という言葉がすっかり定着しています。アメリカのロサンゼルス空港（ＬＡＸ）が世界中の人たちに「ラックス」と呼ばれて親しまれていることも、ＫＩＸの三文字を選択する決め手になったようです。

便名につけられる数字にルールはあるの？

ロンドンを旅したときのことです。利用したのは英国の航空会社で、成田からの往路には「９０１便」、ロンドンからの復路には「９００便」という便名がつけられていました。次の機会にはＡＮＡでロンドンに飛ぶと、便名は成田からロンドンへ向かう便が「２０１便」で、ロンドンから成田への便が「２０２便」。これらの便名の数字を見て、最初は「日本から海外へは奇数便、海外から日本へは偶数便というルールがあるのかな」と思っていました。

ところが、同じＡＮＡでアメリカのニューヨークに向かうと、こんどは成田からの往路が偶数の「０１０便」で、ニューヨークからの復路が奇数の「００９便」でした。奇数と偶数の割り当ては、ヨーロッパへ向かう便とは反対です。

旅客機の便名を表す数字は、いったいどうやってつけられているのか……。航空各社に共通する決まったルールはあるのでしょうか？

結論から言うと、**便名の数字のつけ方にすべての航空会社に共通するルールはありません。**ただし、前述のＡＮＡの便名からわかるように、国際線の場合に多いのが、地球全体

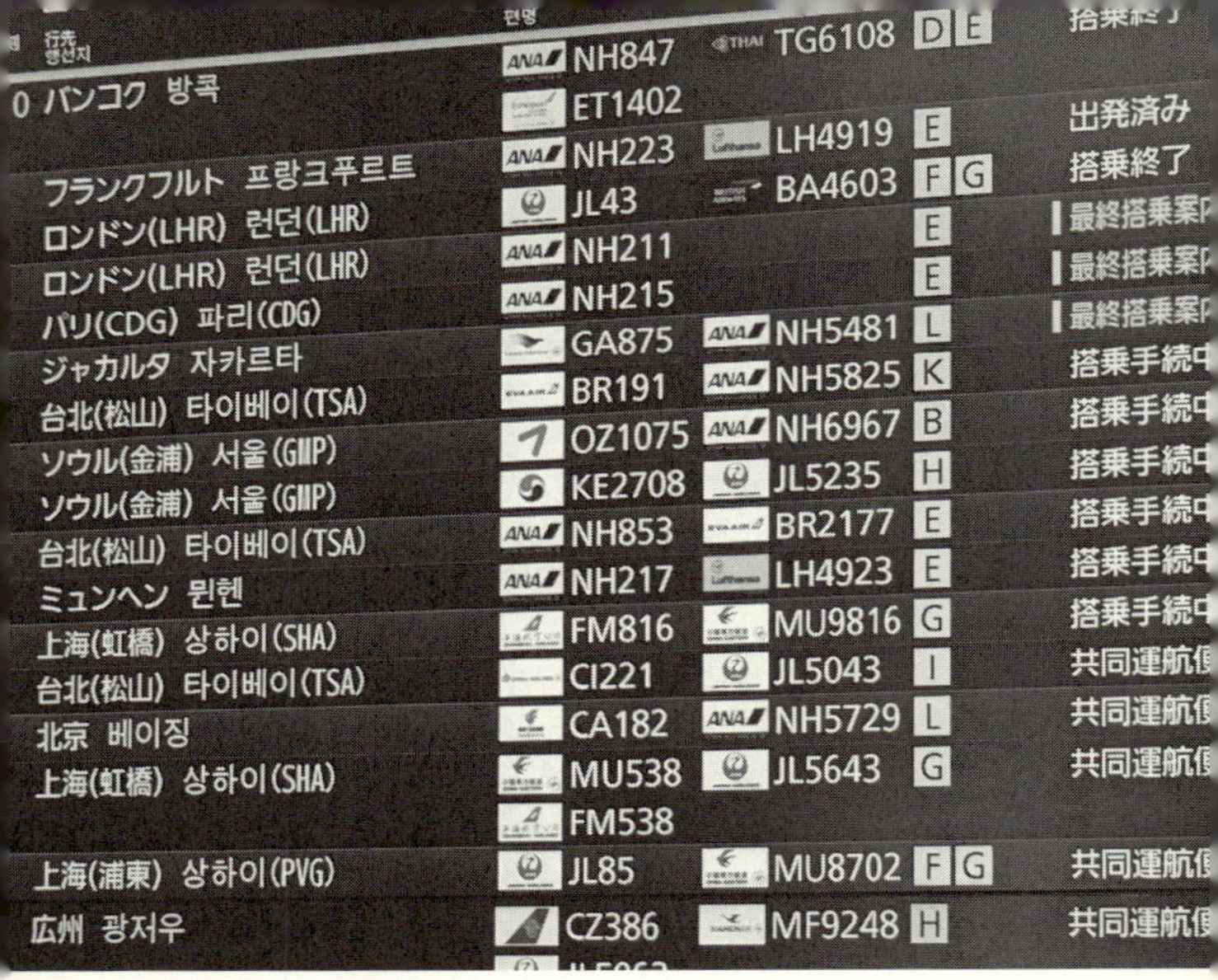

出発便の数字が並ぶ国際線ターミナルの案内ボード

で見て東から西へ向かう便には奇数の、反対に西から東へ向かう便には偶数の便名をつけるというケースです。たとえばＡＮＡのパリ線には、成田からパリ（西）に向かう往路のフライトには奇数の「２０５」が、反対（東）に向かう復路には偶数の「２０６」という数字が割り当てられています。ただしこれも、世界共通のルールというわけではありません。航空会社によっては、西と東で奇数・偶数を反対に設定したり、自国から他国への便と他国から自国への便で奇数と偶数に分けている例もあります。

なお、各社とも「００１／００２」は、そのエアラインにとってのメイン路線か古くからある路線に割り振る例が多いようです。ちなみにＡＮＡでは老舗路線のワシントンＤＣ線に、ＪＡＬでは日本から戦後初の国際定期便となったサンフランシスコ線に「００１／００２」の便名がつけられています。

「出発時刻」に飛行機はどこにいる？

間もなく午前十一時を回ろうとしています。乗客の搭乗は順調で、出発準備も整いつつあるようです。時刻表に記された搭乗便の出発は十一時二十分。まだ二十分あるので、定刻どおりに成田を発てるだろう。そんなことを考えていたら、隣の席にいた同行者が心配そうにつぶやきました。

「また出発が遅れるのかなあ。旅客機の運航って、列車とかに比べてかなり時間にルーズですよね。私が利用する便は、たいてい予定より遅れて離陸しますよ」

時間にルーズ？　はたしてそうでしょうか。彼はどうも、**出発時刻というのが離陸する時間だと勘違いしている**ようです。空港のタイムボードに表示された出発時刻は、じつは離陸する時間ではありません。私たちが利用した十一時二十分発の便は、十一時三十五分に離陸しました。出発時間としては、これでほぼ定刻どおりなのです。

前脚タイヤの輪留めを取り外したときが正式な出発時刻だ

出発時刻とは、滑走路を離れて飛び立つ時間ではなく、正しくは停留していた旅客機が動き始める時刻を指します。スポット（駐機場）で旅客ターミナルに向かって正対して止まっている旅客機は、離陸のために滑走路の誘導路まで移動するために、まずはバックしてスポットを離れます。機体の周辺で作業に当たっていた整備士たちは出発時刻の五分前になると旅客機に取り付けられていた安全装置を解除し、機体後方に移動を妨げるものがないことや、ドアがすべて閉じられロックされていることなどを確認して、ブロックアウト（前脚タイヤの輪留めの取り外し）を行います。これで出発準備は完了。厳密には、時刻表に書かれている出発時刻は、このブロックアウトタイムのことをいいます。

到着時刻も同様に、旅客機が目的地の空港に着陸（ランディング）した時間ではありません。滑走路に降り立った旅客機がそのまま旅客ターミナルに向かって地上走行し、マーシャラー（航空機誘導員）の誘導にしたがってスポットに停止した時間を指します。

旅客機が自力でバックできないのはなぜ？

機長は客室のすべてのドアが「閉」になったことを、目の前の計器で確認しました。ほどなくコクピットに入ってきた客室乗務員のひとりが「キャビンOKです」と報告。これで出発準備が完了です。地上に待機している〝力持ち〟に機長はインターフォンを使ってプッシュバックを要求し、パーキングブレーキを解除します。隣の席の副操縦士が地上走行で義務付けられている衝突防止灯をオンにすると、機体は地上の〝力持ち〟に押され、ゆっくりと動き始めました。空港の旅客ターミナルのスポット（駐機場）から滑走路への誘導路を、旅客機は飛行中と同じジェットエンジンの推力でタキシング（地上走行）して進みます。車輪はギアを入れて回転させているわけではなく、たんに空転しているだけ。エンジン回転数を

パワフルなトーイングカーに押されてスポットを離れる　©Charlie Furusho

最小限に抑えてほとんどアイドリング状態で走行し、ブレーキでスピードをコントロールしながらゆっくりと進んでいきます。

もうお気づきでしょう。旅客機は前進はできても、自分の力でバックすることができません。車輪には動力が備わっていないのですから。これにも、れっきとした合理的な理由があります。

車輪に動力を備えるとなると、メカニズムが複雑になって当然、重量が増してしまいます。あるいは、車輪構造をそのままに旅客機を自力でバックさせるには、後退用に別のエンジンが必要です。それも、乗客や燃料を積んだ状態では三〇〇トン以上にもなる機体を動かすための相当パワーのエンジンが、です。その大きくて重いエンジンが滑走路から飛び立って地面を離れた瞬間に役割を終えてしまうのは、どう考えても無駄でしょう。

では、乗客が乗り降りしやすいよう機首をターミナル方向に向けてスポットに停止した旅客機は、出発の際にはどうやってバックしているのでしょうか？　そこで活躍するのが、地上で出番待ちをしている〝力持ち〟――**「トーイングカー」**と呼ばれる特殊車両です。どの空港にも二〇〇トン～三〇〇トンの旅客機を楽々と押して走れるトーイングカーが待機。車両の先端から出ている牽引用の棒が機体の前輪に装着され、機長がプッシュバックを要求すると、機体はトーイングカーに押されてゆっくりと動き出すのです。

個性豊かな特殊車両の役割

滑走路に降り立った旅客機がターミナル前のスポットに誘導され、停止すると、周囲に集まってくるさまざまな形をした車両の数々。まるでお菓子に群がるアリのようです。ふだんあまり見かけることのない、これら「特殊車両」の任務・役割をざっと解説しましょう。

機体の胴体部分では、まず機内に積んだ貨物や乗客が預けた荷物を下ろす作業が始まりま

出発準備を進める特殊車両の数々

す。貨物室から大きなコンテナやパレットを積み下ろすのは**「カーゴローダー」**の役割で、コンテナを手際よく地上に下ろすためのリフトを装備しています。胴体後方では、貨物室から乗客の預けた荷物を下ろす**「ベルトローダー」**も活動を始めました。幅の広いゴム製ベルトが回っていて、そこに荷物をひとつずつ乗せて地上に下ろしていきます。地上に下ろされた貨物や荷物は**「コンテナトラック」**に乗って旅客ターミナルへ。ターミナルの待合室からお母さんといっしょに作業の様子を眺めていた男の子が「あれ、カルガモの親子みたいだね」と、いくつものコンテナをつなげて空港内を走り回るコンテナトラックを指さしました。

続いて、次のフライトに飛び立つための準備が始められます。主翼の下には、燃料の給油を行う**「給油作業車」**が停まっています。ホースを伸ばして、主翼にある燃料タンクの給油口に接続。レバーを操作すると、空港の地中に張り巡らされているパイプラインから勢いよく燃料が吸い上げられていきます。

電源を供給する**「グランドパワーユニット」**や**「給水車」**、機体のタンクから汚水を抜き取る**「ラバトリーカー」**、機内で乗客にサービスする食事を積んだ**「ケータリングカー」**も作業を開始しました。ケータリングカーは「フードローダー」とも呼ばれ、客室に機内食や飲み物を運び入れるために荷台が高く持ち上がる構造になっています。

空港ではほかにも、**「化学消防車」**や**「デ・アイシングカー」**など特殊な任務を負った車両も待機。旅客機には大量の燃料が積まれるので、火災の際には大事故にならないよう、すばやく火を消し止めなければなりません。空港の消防車両車は一般の消防車とは違い、装備した大量の水や消火薬剤を短時間に放射できるのが特徴です。一方のデ・アイシングカーは、冬場に主翼などに積もった雪や氷を取り除く、いわゆる「除雪車」で、寒さの厳しい北国の空港などで活躍が見られます。

すべての出発準備が整うと、旅客機は前述したトーイングカーに押され、滑走路に向かってゆっくりと進んでいきます。

燃料タンクは機体のどこにあるのだろう

日本から欧米などへの長距離路線で運航されている大型機ボーイング777では、積載する燃料（ケロシン）は最大で約一七万リットルにもなります。これは、大きなドラム缶で約八五〇本分に相当し、燃料の重さだけで約一四〇トン、つまり機体とほぼ同じ重量の燃料が機内に積まれるわけです。では、それほどの燃料を収めている巨大なタンクは、いったい旅客機のどこに隠れているのでしょうか？

貨物スペースのどこかに？　あるいはボディの最後部?!　いいえ、そうではありません。意外に思うかもしれませんが、大型旅客機も含めて、**一般的には多くの航空機の燃料タンクは、左右に大きく延びる主翼の内部に備え付けられています。**最新型の機種では水平尾翼内にもタンクを設置している例もありますが、やはりメインとなるタンクは主翼の中です。これには、飛行力学的にとても重要な理由があります。

燃料タンクを主翼の中に設置している最大の理由は、主翼のつけ根にかかる力（曲げモ

巨大な燃料タンクは主翼の中に装備されている

ーメント）が大きくなりすぎないようにするためです。二一〜二三ページで解説したとおり、飛行中の旅客機の主翼には、揚力（旅客機を空中に持ち上げる力）をつくり出している上向きの力がかかっています。ところが、胴体には反対に、重力に引っ張られるために下向きの力がかかります。ですから、もし大量の燃料を積むタンクを胴体に設置してしまうとどうなるか？　胴体に対して主翼が軽すぎるため、上に引っ張られようとする主翼が胴体の重さに負けてしまい、主翼はつけ根でポキッと折れてしまいます。

　しかし、燃料タンクを主翼に設置して重くすれば、その重い部分をそっくり揚力で持ち上げることになります。下向きの力がかかる胴体に引っ張られて、主翼が必要以上に上に反り返ることを防げるわけです。

また、「燃料タンクが主翼にあると、燃料の減り具合によって機体の重量バランスが崩れて、フライトに影響が出るのでは？」という質問を受けることもよくあるのですが、こちらもご心配なく。燃料タンクが主翼の中にあるとはいっても、大きなものがひとつだけポンと組み込まれているわけではありません。メインタンク、リザーブタンクなどいくつかの細かなタンクに分かれているため、旅客機が上空で姿勢を変えても、燃料が主翼内のあちこちに移動して重量バランスが変わるようなことはありません。そして、複数のタンクからバランスよく燃料を消費する仕組みになっていて、全体的な重量のバランスが大きく変わらないようになっています。燃料を消費しながら飛び続ければ、機体の重心の位置は当然変化しますが、もともと主翼付近に重心がくるように設計されているため、燃料の増減がフライトに大きく影響することはありません。

乗り降りはなぜいつも左側前方のドアから？

旅客機にはたくさんのドアがついています。ボーイング777-300を例にとると、ドアの数は左右に五カ所ずつ、計一〇カ所です。ところが、それだけの数があるのに、乗客の乗り降りには左側の前方一カ所か二カ所のドアしか使いません。空港ターミナルから伸びるボーディングブリッジは、必ず機体の左サイドのドアに装着されます。なぜでしょうか？

ヒントは、旅客機に関するさまざまな呼び名にあります。機体は「シップ」、機長は「キャプテン」と呼ばれます。客室は「キャビン」で、その乗員は「キャビンクルー」。空港は「エアポート」です。はたして、この呼び名の由来はなんでしょうか？

もうひとつ。旅客機の乗り降りには左側前方のドアしか使用しないのなら、なぜ左右に一〇カ所もドアが設置されているのでしょうか。そのことについても考えてみたいと思います。

「シップ（機体）」や「キャプテン（機長）」「キャビン（客室）」などの呼び名は、すべて船の世界からきた言葉です。「エアポート」は文字どおり「空の港」です。**旅客機の左サイ**

搭乗橋が接続されるのは機体前方の左側ドア

ドから乗降するようになったのも、じつは船の世界の古い慣習が関係しています。

長いあいだ人や荷物の輸送に重要な役割を担ってきた船は、左サイドを港に向けて接岸するのが習わしでした。船体右側の船尾には舵板が取り付けられていて、右サイドを港に接岸させるとその舵板が邪魔になってしまうからです。その後、旅客輸送の主役が海から空へと移る過程で、航空業界も古くからの船の慣習を手本に発展。そのときに受け継いだ左から乗り降りするといった慣習が、現在もそのまま続いているのです。

ところで、空港ターミナルで搭乗を待つ間、ケータリング会社の車両の荷台が旅客機のドアの高さまで上昇して作業する様子をご覧になったことがあるでしょうか。機内食や備品の搬入は、主に機体右側のドアや後部ドアから行われます。乗降に使うドアを一般に「出入り口ドア」と呼ぶのに対し、それ以外のドアは「業務用ドア」としての役割を果たしています。非常時の脱出口としてもドアは大切で、アクシデント発生時には全乗客の脱出を九十秒以内に完了させなければならない決まりがあります。どの機種にも、そのために必要な数のドアが設置されているのです。

一本一本の滑走路に驚きの「仕掛け」が！

大都市の空港では、平均すると数分に一回の割合で旅客機の離着陸が行われ、滑走路は常に酷使されています。大型機のような三〇〇トンを超える旅客機がドスンと着陸したり、ものすごい勢いで飛び立っていくわけですから、滑走路には相当な負荷がかかることは疑いようがありません。その負荷に耐えるために、**滑走路にはどれくらいの強度が必要で、どのようにつくられているのでしょう？**

一般の道路では、砂利や土砂の上に敷かれるアスファルトの厚さはわずか数センチ程度。

それが滑走路となると、**アスファルト部分だけで二～三メートルの厚さが必要**になります。建設中はアスファルトを敷いては巨大なローラーを往復させて固めるといった作業を繰り返し、大型機の離着陸に耐えられるよう強度を高めています。

さらに、滑走路には、安全に旅客機を離着陸させるために、とても重要な「仕掛け」が隠されています。ためしに滑走路の中心部に立って、足もとに丸いビー玉を置いてみましょう。それを指先でちょっと押してやると――さて、どうなるでしょうか？　ビー玉は最初のうちはゆっくりと、そして次第に勢いを増して加速しながら転がっていきます。転がる先は、滑走路の左右どちらか一方のサイドです。まるで坂道を転げ落ちていくかのように。

このように滑走路には、中心から左右に向かってゆるやかな勾配がつけられています。遠目では平らな道にしか映りませんが、近づいて横断面を見てみると、両サイドから中央部にかけて少しずつ盛り上がっているのがわかります。これは、**降雨時に水はけをよくするためです。**

それでも、雨天時の着陸では、摩擦の現象などで滑走距離がどうしても通常より長くなります。そこで、滑走路の表面にはある別の仕掛けも取り入れられています。そのひとつが「グルービング」といって、滑走路に横縞模様のように細かい溝を掘る方法です。

雨の日に車で高速道路を走っていて、ブレーキの利きが悪いなと感じた経験のある方も多いのではないでしょうか。これは「ハイドロプレーニング現象」と呼ばれ、タイヤと路面の間に水が入り込むことで、タイヤが水の上を滑ってしまいブレーキが利かなくなるのです。思わぬ事故につながってしまうケースも少なくありません。そこで空港の滑走路には、旅客機の着陸時に同様の現象が起らないよう、路面に小さな溝（グルーブ）が刻まれるようになりました。これによって滑走路上の水をうまく逃がし、安全な着陸ができるのです。

空港で活躍する国家公務員たち

羽田や成田、関空などに代表される国際空港には、国内便を利用するときには必要のない機関がいくつかあります。身近な例では、出入国審査（イミグレーション）や税関、検疫などです。これらの場所で働いている出入国審査官や税関職員、検疫官らは、いずれも国家公務員です。それぞれの役割と業務をご紹介しましょう。

出入国審査官

出発便の搭乗口へ進む前に、金属探知機を使った所持品検査とX線による手荷物検査を終えると、次に向かうのが出入国審査のゲートです。パスポートに出入国のスタンプを押してくれるこのゲートは、言わば国の〝出入口〟。出国審査を済ませてこのゲートを抜けると、これより先はもう日本ではありません。

この出入国審査は法務省が管轄し、配置された入国審査官が、旅行者のパスポートやビザが有効かどうかを審査しています。彼らの業務は旅行者の渡航書類のチェックだけではなく、さらに重要な役割も担っています。そのひとつが、外国からの不法入国者の阻止です。海外からの入国者の中には、観光と偽って不法就労しようとしている外国人や、密輸を企てている人がいるかもしれません。入国審査官はパスポートやビザを見ながら、渡航者に質問します。

「滞在の目的は何ですか？」
「どこに何日間の滞在予定ですか？」

そうして審査ゲートを通過しようとしている旅客の滞在が不法でないかどうかをチェックし、不審な人物が発見された場合には別室に誘導して事情を聴取します。現在日本に滞在している外国人や、渡航して日本を不在にしている日本人も、すべてこの出入国審査によってしっかりと把握されています。

税関職員

出入国審査が法務省の管轄であるのに対し、税関は財務省管轄の機関です。貿易が正しく行われるように輸入品や輸出品の審査を行うところで、海外旅行者の手荷物も「輸入品」「輸出品」として位置づけられているため、審査を受けなければなりません。出国時には、海外へ持ち出す装飾品や一〇〇万円以上の現金などを申告し、渡航先から帰国するときには課税対象となる外国製品などがチェックされます。空港でその審査に当たるのが税関職員で、タバコ二〇〇本、酒三本、香水二オンスなどの免税範囲を超えた輸入品に対しては税金が徴収されるわけです。

税関にはもうひとつ、密輸の取り締まりという重要な仕事があります。麻薬や拳銃、偽ブランド品（コピー商品）など、日本への持ち込みが禁止されているものをここで厳しくチェック。海外から帰国した日本人や入国しようとしている外国人に、手荷物の中に持ち込み禁止品はないかをパスポートを見ながら質問したり、ときには麻薬探知犬を使って調べることもあります。

〈コラム／嗅覚は人間の数万倍！　麻薬探知犬〉

麻薬の密輸取り締まりの現場で、税関職員とともに大切な役割を担っているのが麻薬探知犬です。その嗅覚は人間の数千倍から数万倍！　膨大な荷物の中に麻薬を隠し持っていれば、ただちに嗅ぎ分けて知らせてくれます。

預けた荷物を受け取るバゲージクレームで、係官とコンビを組んで働いている姿を見かけたことのある人も多いでしょう。彼らはいずれも、厳しい訓練を積んできたプロフェッショナル。繰り返しの訓練で覚えさせられた麻薬の匂いを頼りに、決して〝獲物〟をは見逃しません。そして、荷物の中に麻薬を発見すると、前足で引っかくなどの行動で係官に知らせます。

麻薬探知犬は旅行者の間を歩き回り、見るからに凶暴そうな犬種も多いですが、絶対に噛みついたり吠えたりすることがないよう訓練されていますのでご安心を！

検疫官

海外から帰国すると、空港で渡航先での体調や過去三週間で気がついた身体の症状などを記入する検疫質問票が配られることがあります。これは赤痢やコレラなどの伝染病にかかっている人を隔離・治療し、病原菌を国内に持ち込ませないようにするために行うもので、厚生労働省が管轄しています。

入国審査場の手前に配置された検疫官は、質問票を回収後、口頭での質問で感染症の有無をチェック。心配ごとがあれば、空港内にある健康相談室に常駐する医師が、入国前に相談に乗ってくれます。

さらに空港には、海外からチケット代も払わず、旅客機に〝タダ乗り〟してやってくる輩（やから）がいます。その代表的なものが、虫（昆虫類）です。乗客が機内に入るすきに勝手に紛れ込み、物陰でじっと息を潜めて、目的地へ到着すると乗客に混じって空港ターミナルビルへ。怖いのは、その虫を媒介に伝染病が持ち込まれることです。それらの害虫から人々を守るのも検疫官の役割で、機内で蚊や虫を見たという情報が入ると彼らは虫捕り用の網を持って機内を捜索し、日本への上陸を徹底阻止しします。

免税店はなぜ無税なの？

私たちが日本で何かを購入する場合、その価格には消費税が含まれています。二〇一七年一月現在の消費税は八％なので、一〇〇〇円の商品であれば消費税は八〇円。さらに、ウイスキーなどのお酒には酒税が、たばこにはたばこ税が、そしてブランドものなどの輸入品には関税がかかっています。このような税金を旅行者に対して免除して販売するのが、空港などにある免税店です。国際線を利用すると、フライト中の機内で免税品が販売されますが、これも免税店の一種と考えてよいでしょう。

羽田や成田の出国エリアでも、出発前に高級ウイスキーやたばこを買っていく人たちをよく見かけます。通常の店舗で購入すれば高額な税金を払わなければなりません。先日、免税店内で会った買い物客は「いつも何気なく購入しているお酒やたばこの価格を免税ショップで見ると、その違いに驚きますね」と言っていました。では、免税店ではなぜ購入する商品に税金がかからないのでしょうか？

出発する空港で出国審査を終えてから目的国の空港で入国手続きをするまでのエリアは

「みなし外国」と呼ばれ、税法上どの国にも属しません。消費税をはじめ、お酒にかかる酒税やたばこにかかるたばこ税は、日本国内で消費する際に、日本という国に対してかかる税金です。そのため、外国で消費する場合には払う必要がありません。また、関税は海外から日本に商品を輸入するときにかかる税金です。海外のブランド品は、「みなし外国」エリアではまだ日本国内に輸入されていない状態ということになりますから、関税も不要ということになります。このような条件のもとに、税金のかからない安い価格での買い物が可能になるわけです。

羽田空港の国際線ターミナルにも、二〇一〇年の開業に合わせて出国審査場を抜けたエリアに「DUTY FREE」や「TAX FREE」の看板を掲げた大型免税ショップがオープンしました。特別なエリアだけで楽しめる特別なショッピングは、多くの旅行者にとって、海外旅行の重要な要素のひとつになっています。

〈コラム／買い物は出発前に銀座のＤＵＴＹ　ＦＲＥＥショップで〉

海外旅行では空港での買い物も楽しみのひとつという人が少なくありません。羽田空港の国際線ターミナルでも、保安検査を受けたあとの「ＤＵＴＹ　ＦＲＥＥ」はいつも大勢の人たちで賑わっています。

免税店で買い物を楽しむのは国際線の飛行機に乗る人たちだけの特権ですが、最近はちょっと様子が変わりました。羽田に行く前に銀座で免税の買い物を済ませてしまう。そんなことが可能になったのです。

二〇一六年一月に銀座三越店八階に「Ｊａｐａｎ　Ｄｕｔｙ　Ｆｒｅｅ　ＧＩＮＺＡ」がオープン。銀座という街なかで空港の免税店と同様、消費税はもちろん関税や酒税、たばこ税などを免除されたショッピングが可能になりました。出発日の一カ月前から前日まで入店でき、購入した商品は旅行当日に空港で出国手続きを終えてから専用カウンターで受け取ります。ゆっくりと時間をかけて買い物を楽しめるだけでなく、事前に必要なショッピングを済ませておくことで出発当日は余裕をもって行動できると、開店当初から利用する人が途絶えません。

なお、同店でのショッピングには、パスポートとｅチケット控えなど海外への出国が確認できるものが必要です。

散弾銃を持って敷地内をうろついているのは誰？

アメリカ・ニューヨークで二〇〇九年一月、乗員乗客一五五人を乗せたＵＳエアウェイズ機がハドソン川に不時着する事故が発生。機長の的確な判断と行動で、機体水没まで一時間というわずかな時間内に全員が救出されました。二〇一六年に『ハドソン川の奇跡』という映画にもなったので、覚えている人も多いでしょう。

この事故の原因になったのが、旅客機と鳥との衝突、すなわち、「バードストライク」でした。

ほんの小さな鳥であっても、高速で飛行する旅客機にぶつかるときの衝撃は相当なもの。鳥と衝突した機体の機首部分がポコンとへこんでしまっているのを私も見たことがありますし、頑丈にできているコクピットの窓にヒビが入るケースも珍しくありません。空港は海上や海の近くに建設されることが多く、周辺は野鳥たちの良好な餌場になっています。旅客機にとってやっかいな存在である鳥を、どうやって滑走路周辺から追い払うか。各地の空港では関係者たちが知恵を出し合い、トラブルを防ぐための対策を講じてきました。

その具体策のひとつが、鳥の活動時間帯である日の出から日没にかけての、一日数回にわたる空港内パトロールです。鳥にはいろいろな種類があり、行動範囲も違いますが、まずは旅客機の運航に危害をおよぼしそうな種類の鳥を徹底調査。パトロール隊は散弾銃を持ち歩き、空砲で大きな音を鳴らしてそれらの鳥を追い払います。少し古い作品ですが、空港を舞台にした日本のコメディ映画『ハッピーフライト』（矢口史靖監督／二〇〇八年公開）でも、散弾銃を持った空港パトロール隊の様子がユニークに描かれました。

出張も楽しくなる?!　個性あふれる国内ローカル空港

日本各地の地方空港では最近、差別化をはかろうと、土地の名物や有名人などを空港づくりに取り入れるところが増えてきました。空港の愛称に盛り込んでPRしているところも多く、よく知られるのは「徳島阿波おどり空港」「出雲縁結び空港」「高知龍馬空港」「米子鬼太郎空港」「鳥取砂丘コナン空港」など。「富山きときと空港」なんていうのもあります。ちなみに「きときと」は、富山の方言で「新鮮」「生きがいい」を意味します。

ユニークな取り組みで話題を集める空港も出てきました。北九州空港では『銀河鉄道

いつも大勢の人で賑わう鹿児島空港の足湯

９９９』のメーテルが案内してくれるカウンターを設置して、原作者の松本零士さんが少年時代を過ごしたゆかりの地であることをアピール。讃岐うどんの本場、高松空港に行ったときには、預けた手荷物を受け取るターンテーブルに、大きなどんぶりに入ったうどんの模型が流れてきました。空港内にはうどんの出汁が出てくる蛇口もあって、無料で試飲もできます。

セントレア（中部国際空港）の四階ちょうちん横町にある、飛行機が望める展望風呂「風（フー）の湯」はすっかり有名になりました。鹿児島空港へ行ったときに私が必ず立ち寄るのが、ロビーを出た一階前面通路３番玄関横にある天然温泉の足湯「おやっとさぁ」です。

熊本県の天草空港では、訪れた人が誰でも利用できる「空港図書館」があります。天草産の木でつくられた温かみのある陳列棚に飛行機や天草に関する本が並び、出発までの待ち時間などに自由に閲覧できます。貸し出しはしていませんが、たまになくなる本もあるとか。しかし同空港を拠点とする天草エアラインの関係者は「なくなっても、数日するとちゃんと元の棚に戻っています」と笑って話してくれました。

どの空港にもその土地ならではの個性があり、旅行者をあたたかく出迎えてくれます。

世界のおもしろ空港一〇選

最後に、私がこれまで世界を歩いてきて出合った、珍しい空港やユニークな空港を厳選して紹介しましょう。

ミュンヘン国際空港（ドイツ）

セキュリティエリアの内外に二〇〇以上の店舗が建ち並び、出発までの時間をカフェで

作り立てビールが飲めるミュンヘン国際空港の「エアブロイ」

過ごしたり、ショッピングを楽しんだりする利用客も多い、商業施設のような空港です。さらに、空港内では、なんと地ビールが醸造されています。こんな空港は世界のどこを探しても他にありません。ターミナル1とターミナル2をつなぐ中央エリアにあるビアレストラン「エアブロイ」では、空港内の自家醸造所でつくられた新鮮なビールを味わえるとあって、世界各国からの旅行者でいつも賑わっています。

ラサ・クンガ空港（中国チベット自治区）

富士山より高い標高四〇〇〇四メートルにある空港です。日本にも就航している中国国際航空の、四川省・成都とネパールのカトマンズを結ぶ路線の中継地になっていて、このフライトは航空ファンのあいだで話題になりました。成都からラサに到着した便が準備を終えて再び離陸すると、気圧が薄いなかをエンジン全開にして一気に高度を上げて急上昇し、眼下に八〇〇〇メートル級の山々が連なるヒマラヤ山脈を見下ろしながら飛行していきます。この壮大な景色を眺められるのは同便に搭乗した人たちだけの特権とあって、一度は体験したいと夢見る旅行者たちが世界中に絶えません。

啓徳（カイタック）空港（旧香港国際空港）

一九九八年に残念ながらその役割を終えましたが、あんなにエキサイティングな体験をさせてくれた空港は啓徳空港が最初で最後でしょう。日本から香港へ向かい、前方に目的地が見えてくると、旅客機は高度を下げて空港へ進入し、着陸直前になって右に急旋回。右側の窓からは九龍の繁華街が窓から手の届きそうな距離に見え、スリル満点でした。旅客機が空港に降りる際には、通常は上空から浅い角度でゆっくりと降下していきます。しかし滑走路からの直線上に広い平坦な土地を確保できなかった啓徳空港では、滑走路とは違う角度で海上を降下し、着陸直前に急旋回するというテクニックがパイロットに求められていたのです。乗客の中には「主翼が高層マンションの壁にすれすれで当たりそうだった」とか「オフ

施設やサービスが充実したシンガポール・チャンギ国際空港

イスビルの中の人と目が合った」などと真剣な顔でクレームをつけてくる人もいたそうです。

チャンギ国際空港（シンガポール）

施設の充実度という点では、間違いなく世界ナンバーワンでしょう。無料で楽しめる映画館のほか、スイミングプール、カラオケボックス、シャワー、仮眠用ホテル、フィットネスクラブ、フードコート――これらすべてを乗り継ぎの待ち時間に利用できます。エリア内には複数のテレビが設置され、アメリカやヨーロッパ、アジアなどそれぞれ異なる局の番組（ニュース、ドラマ、スポーツ中継など）を放映し、どの国の人も楽しめるようにするという細やかな配慮も。

そして極めつけは、次の便への乗り継ぎまで五時間以上の待ち時間がある人に対して無料の市内ツアーを提供していること。二時間のツアーを一日五回実施し、シンガポールの主な観光名所を専用バスで回りながら案内してくれます。

ジブラルタル国際空港（イギリス領ジブラルタル）

スペインの南西部、イベリア半島南端から海峡に向かって突き出した岬にあります。周囲は大部分が「ザ・ロック」と呼ばれる巨大な岩山。そのため空港は岩山とスペインの国境沿いの狭い場所に、岬を完全に横切るようにつくられました。スペインとジブラルタルは滑走路で分断された形になっているため、スペイン側とジブラルタルを行き来するには滑走路を横断しなければなりません。そのため、なんと滑走路に「踏み切り」が設置されているのです。私が現地を旅して滑走路を横断しようとしたときには、ちょうど道路側に設置された遮断機が降りてきて、そのすぐ先をエアバス機が通り過ぎていきました。しばらくして遮断機が上がり、警察官が安全を確認すると、信号待ちをしていた車が発進し、人々が歩きだします。

年間利用者数が１億人を超える世界一忙しいアトランタ国際空港

アトランタ国際空港（アメリカ）

　アメリカ・ジョージア州のアトランタには、全米の大企業トップ五〇〇社のうち四五〇社が拠点を置き、海外や日本からの進出企業も少なくありません。かつて航空機時代の到来とともに、アメリカの「空の十字路」として発展してきたアトランタ空港は、いまでは年間の利用者数が一億人を突破し、「世界一忙しい空港」と言われています。以前は四本の滑走路で運用されていましたが、それでも足りず、二〇〇六年春に五本目の滑走路が完成しました。広大な敷地内には複数の管制塔が設置され、五本ある滑走路のうち同時に三本から次々に旅客機が飛び立っていく光景は壮観です。

チューリッヒ国際空港（スイス）

鉄道網が充実しているヨーロッパにおいて、鉄道との連携が世界で最も進んでいるのがチューリッヒ国際空港の特徴です。スイスを拠点に鉄道旅行を考えている人に、ぜひ活用していただきたいのが「フライレール・バゲージ」というサービス。これを利用すれば、空路から陸路への乗り換えのために空港内を重い大きな荷物を引きずってウロウロするといった必要はありません。日本の空港カウンターで手荷物を預けると、チューリッヒに到着後、その荷物は自動的に接続する鉄道に積み替えられます。あとはスイス国内の最終目的地の鉄道駅まで、手ぶらで向かうだけ。スイス国内から日本までの逆パターンでも可能で、主要な鉄道駅でチェックインして飛行機の搭乗券を受け取り手荷物を預けてしまえば、あとは日本まで身軽な旅が楽しめます。

プリンセス・ジュリアナ国際空港（オランダ自治領）

カリブ海に浮かぶセントマーティン島にある空港です。空港はわずかな平地を一部埋め立てて建設。通常なら立ち入り禁止になりそうな場所が、世界中から旅行者が訪れるようになったことから一躍、観光名所になりました。お目当ては、ビーチからわずか二〇〜三〇

海水浴客の目の前に旅客機が降りてくるプリンセス・ジュリアナ国際空港　©Charlie Furusho

メートル程度を超低空飛行で通過する旅客機の離着陸シーン。「離陸時の後方気流を体験しにきた」という人もいます。付近には「危険！　ジェット機の排気が人体に影響を与える恐れあり」といった警告の看板が立てられています。

テンジン・ヒラリー空港（ネパール）

エベレストのふもとの小さな町、ルクラに建設された空港。車が通る道路から徒歩で数日かかるへき地にあります。山の切り立った斜面にへばりつくように、全長わずか四六〇メートルの滑走路が設置されているため、離着陸が難しく、パイロットたちのあいだでは「世界一危険な空港」と呼ばれるようになりました。しかし、生活物資を飛行機で運搬してもらわなければ、この町の住民の暮らしは成り立ちません。そのためリスクを負っても、飛行機は毎日飛んできます。

ドンムアン国際空港（タイ）

スワンナプーム国際空港が開港するまでタイを代表する空港でしたが、現在は新空港を補完するサブ的な役割に。ＬＣＣが就航するようになり、再びたくさんの人が行き交う活気ある姿を取り戻しはじめました。ユニークなのは、空港内にゴルフ場があることです。平行する二本の滑走路のあいだに細長いコースがあり、ゴルファーたちは飛行機の離着陸シーンを眺めながらラウンドを楽しんでいます。

おわりに

私はいま羽田空港国際線ターミナルのカフェで、この文章を書いています。

昨年の秋から数カ月間、本書に取り組んだおかげで、私自身にもいろいろな新しい発見がありました。既存の知識だけでは、羽田の現在の姿はとらえきれません。女性に人気のスイーツや子供向けの施設、周辺の街の話題などに関しては、アシスタントであり航空&旅ライターとしても活動する宮下裕子さんに取材と情報収集にあたってもらいました。宮下さんは「空港のある暮らし」をこよなく愛し、自身も大田区羽田に居をかまえています。彼女が提供してくれた最新情報のおかげで、充実した一冊を編むことができました。感謝します。

また、本書の企画段階から細かなアドバイスをいただいたPHP研究所・第二書籍制作局の山岡勇二局次長と、編集実務を担当してくれた株式会社アイディエフのみなさんにも、この場を借りてお礼を申し上げます。ありがとうございました。

出発ロビーでは、大勢の人たちに見送られてゲートに向かう人が見えます。異国に赴任していくビジネスマンと、彼の同僚たちでしょうか。ほかにも、初めての海外留学に送り出す娘を心配げに見つめる父と母。そして、出発時間が迫っているのにいつまでも離れようとしない恋人同士――。そんな人間ドラマがいっぱいに詰まった空港が、私は好きです。

東京オリンピックイヤーの二〇二〇年に向け、まだまだ変化する空港都市・羽田を、みなさんも心から楽しんでみてください。

秋本俊二

二〇一七年二月　羽田空港国際線ターミナルにて

参考文献・参考資料

『これだけは知りたい旅客機の疑問１００』秋本俊二著（ＳＢクリエイティブ、二〇一五年）

『みんなが知りたい空港の疑問50』秋本俊二著（ＳＢクリエイティブ、二〇〇九年）

『飛行機はどこを飛ぶ？　航空路・空港の不思議と謎』秋本俊二監修、造事務所編（実業之日本社、二〇一五年）

『世界一清潔な空港の清掃人』新津春子著（朝日新聞出版、二〇一五年）

『羽田空港から行く週末海外！』緒方信一郎著（講談社、二〇一一年）

『東京国際空港　ハネダのすべて』（イカロス・ムック、二〇一四年）

『月刊エアライン』二〇一三年五月号、二〇一五年八月号、二〇一六年八月号（イカロス出版）

『旅客機と空港のすべて　完全保存版』（ＪＴＢ交通ムック、二〇一六年）

※その他、国土交通省や東京国際空港ターミナル株式会社などのホームページを参考にさせていただきました。

編集協力＝㈱アイディエフ
小谷真結美

PHP新書

PHP INTERFACE
http://www.php.co.jp/

秋本俊二［あきもと・しゅんじ］

作家／航空ジャーナリスト。東京都出身。学生時代に航空工学を専攻後、数回の海外生活を経て取材・執筆活動をスタート。世界の空を旅しながら、新聞・雑誌、Web媒体などにレポートやエッセイを発表。テレビ・ラジオの解説者としても活動する。『ANAの謎とふしぎ』（PHP研究所）、『これだけは知りたい旅客機の疑問100』『ボーイング777機長まるごと体験』（以上、SBクリエイティブ）、『航空大革命』（KADOKAWA）、『飛行機はどこを飛ぶ？　航空路・空港の不思議と謎』（実業之日本社）、ほか、著書・監修書多数。

PHP新書1087

羽田空港のひみつ
世界トップクラスエアポートの楽しみ方

二〇一七年三月二十九日　第一版第一刷

著者――秋本俊二
発行者――岡修平
発行所――株式会社PHP研究所
東京本部――〒135-8137 江東区豊洲5-6-52
学芸出版部新書課 ☎03-3520-9615（編集）
普及一部 ☎03-3520-9630（販売）
京都本部――〒601-8411 京都市南区西九条北ノ内町11
組版――株式会社アイディエフ
装幀者――芦澤泰偉＋児崎雅淑
印刷所
製本所――図書印刷株式会社

ISBN978-4-569-83275-3

PHP新書刊行にあたって

「繁栄を通じて平和と幸福を」(PEACE and HAPPINESS through PROSPERITY)の願いのもと、PHP研究所が創設されて今年で五十周年を迎えます。その歩みは、日本人が先の戦争を乗り越え、並々ならぬ努力を続けて、今日の繁栄を築き上げてきた軌跡に重なります。

しかし、平和で豊かな生活を手にした現在、多くの日本人は、自分が何のために生きているのか、どのように生きていきたいのかを、見失いつつあるように思われます。そして、その間にも、日本国内や世界のみならず地球規模での大きな変化が日々生起し、解決すべき問題となって私たちのもとに押し寄せてきます。

このような時代に人生の確かな価値を見出し、生きる喜びに満ちあふれた社会を実現するために、いま何が求められているのでしょうか。それは、先達が培ってきた知恵を紡ぎ直すこと、その上で自分たち一人一人がおかれた現実と進むべき未来について丹念に考えていくこと以外にはありません。

その営みは、単なる知識に終わらない深い思索へ、そしてよく生きるための哲学への旅でもあります。弊所が創設五十周年を迎えましたのを機に、PHP新書を創刊し、この新たな旅を読者と共に歩んでいきたいと思っています。多くの読者の共感と支援を心よりお願いいたします。

一九九六年十月

PHP研究所

PHP新書

[経済・経営]

[心理・精神医学]

［**地理・文化**］